AF370412

Amor y resiliencia: relatos de una vida vivida

Mosu Ruiz

EDIQUID

AMOR Y RESILIENCIA: RELATOS DE UNA VIDA VIVIDA
© Mosu Ruiz

Editado por: Corporación Ígneo, S.A.C.
para su sello editorial Ediquid
José Olaya 169, Ofic. 504, Miraflores. Lima, Perú
Primera edición, noviembre, 2024

ISBN: 978-612-5160-28-7
Tiraje: 50 ejemplares

Hecho el Depósito Legal en la Biblioteca Nacional del Perú N° 2024-07623
Se terminó de imprimir en noviembre del 2024 en:
ALEPH IMPRESIONES SRL
Jr. Risso Nro. 580 Lince, Lima

www.grupoigneo.com
Correo electrónico: contacto@grupoigneo.com | Teléfono: +51 955 071 270
Facebook: Grupo Ígneo | X: @editorialigneo | Instagram: @grupoigneo

Colección: Integrales

Contenido

Agradecimiento

Gracias, hijos, por ser el pilar de mi vida. Siempre hice, fui y vine como y adonde quise, pero teniéndolos conmigo. Ustedes han sido mi motor y también mi tope para no hacer tonterías.

Javi, te admiro tanto. Admiro tu entereza ante la vida. Siempre vas a ser muy feliz, eso lo sé. Eres tan responsable que me impresiona, y ese amor que desbordas por los que amas, aunque tu caparazón lo intente esconder, se te sale por los lados. Te amo mucho.

Natalia, amo que tengas esa libertad y esas ganas de comerte el mundo. Eso lo tengo yo en mi interior, pero no fui tan inteligente como tú para llevarlo a cabo. Sigue así, amor. Tienes el mundo a tus pies.

Sebastián, serás mi bebé siempre. Me reflejo tanto en ti, amor. Sé que vas a llegar muy lejos; te gusta vivir bien y sé que lo estarás buscando y logrando a cada instante. Desde chiquito no te gustaba ni ensuciarte; ese perfeccionismo te va a llevar muy lejos. Eres muy grande.

Prólogo

Este es un libro muy mío, en donde solo leerás vivencias personales y su análisis ante ellas. No soy escritora, solo soy una enamorada de la vida a la que le gusta crear, le gusta hacer y le gusta dejar su marca. Así quiero que diga en mi tumba: «Por aquí pasó Mosu Ruiz. Ella disfrutó la vida y dejó una huella bonita».

Aquí hablamos de **resiliencia**, una palabra que me marcó en las circunstancias vividas, en esas enfermedades y frente a fantasmas de esos que todos traemos.

Hablamos de amor, de parejas, de muerte, y también de circunstancias banales y cotidianas. Así como es la vida, simple.

¿Quién soy yo? Nadie para quien no me conoce, y mucho para los que tengo cerca. Eso sí, soy una vividora incansable. Deseo seguir aquí, aunque, porque padezco una enfermedad, siento miedo de lo que sigue para mí. Estoy atenta a cada sentir de mi cuerpo, sobre todo de mis piernas. En cuanto percibo algo raro, como tenerlas «dormidas» —una sensación tan común—, experimento un terror tremendo de que me vuelva a dar un brote y terminar incapacitada; pero trato de no pensar en el futuro, porque me provoca ansiedad.

Así que aquí estoy y aquí sigo, saboreando cada momento y dando gracias por poder seguir en el camino y hacer hasta lo más sencillo. A diario doy gracias por ser capaz de caminar, bailar, cantar —amo cantar—, hacer ejercicio o disfrutar de viajes y compañías. No den por hecho nada: siempre es posible que la vida no nos permita seguir haciéndolo más. Caminar es una bendición de Dios.

Esta historia empieza definiendo un término muy actual que es el de resiliencia.

La resiliencia es la capacidad de hacer frente a las adversidades y transformar el dolor en una fuerza motora para superarse y salir fortalecido de aquellas.

Cuando escuché esta palabra por primera vez, sentí que me describía a la perfección. Creo que a la mayoría nos queda la palabra. En definitiva, eso somos, resilientes, y es que, cuando nos han pasado tantas cosas, no nos queda más que agarrar fuerzas y darle para delante.

Así me ha ocurrido a mí: he atravesado muchas dificultades.

No voy a empezar contando de dónde vienen mis antepasados, ni cómo fue mi vida de niña, aunque, la verdad, les puedo decir que fui de las privilegiadas por haber crecido en un ambiente «orgánico», término tan de moda en estos tiempos. Vivir y comer como yo lo hice es lo que ahora busca la mayoría de las personas. Muchos pagan montos elevados para lograrlo, pues venden esos productos a precios exagerados. Aprovechan que la gente no quiere exponerse a tanta contaminación.

Desde que nací, mi mundo ha estado ligado al gremio ganadero, ya que mis dos familias se dedican a ello. Mis vacaciones y muchos fines de semana los pasaba en el rancho, rodeada de vacas, caballos, gallinas, borregos y todos los animales que se puedan imaginar, incluso piojos. Solía jugar con los niños que vivían allí, hijos de los trabajadores de mis abuelos. Era gente humilde, trabajadora y la más fiel y leal que se puedan imaginar. Los considerábamos parte de la familia.

I

Tu pasado te forma

¡Ya se me antojó contarles unas pequeñas anécdotas de mi infancia! Al escribir lo anterior empecé a recordarlas y me emocioné.

Yo amaba despertarme temprano, ponerme mis botas vaqueras y salir corriendo al corral antes que terminaran de ordeñar las vacas. Eso sí: no podía olvidar la lata de Quick de fresa y mi vaso de plástico. El corral estaba hecho de bardas muy gruesas de piedra y cemento —supongo—, por lo que ese era el lugar perfecto para apreciar desde un buen ángulo el espectáculo que estaba aconteciendo a esas horas de la mañana: el ordeño de las vacas.

La mejor parte de la actividad era cuando el vaquero que estaba ordeñando, o a veces mi abuelo, se me acercaba, agarraba mi vaso de plástico, se lo llevaba y lo colocaba debajo de la ubre de la vaca. ¡De este modo llenaba mi vaso con leche calientita y con mucha espuma! Me lo traía hasta la barda y yo me encargaba de terminar aquel manjar que me iba a tomar poniéndole dos cucharadas colmadas de ese polvo de fresa, artificial, pero delicioso. Aquí de orgánico y natural ni hablemos, pero sabía de lo más rico. Creo que ahorita no me tomaría ese vaso de leche ni de broma, ni por la leche cruda y menos por el Quick sabor a fresa.

Entre otras muchas anécdotas que les pudiera contar están la de montar caballos sin control y a toda velocidad —eso sí, nunca lograron tirarme—; heridas por hacerme pasar como becerro para que mis primos me lazaran; dientes llenos de estiércol; ver morir a los animales para luego encontrar su carne en los congeladores y después en la estufa de mi abuela. A pesar de ello, qué comida más deliciosa y qué imagen tan hermosa tengo de ella frente a la estufa de leña, siempre cocinando, horneando o atizando. Es la descripción perfecta del amor.

También recuerdo muy bien a mi bisabuela haciendo asaderos en la cocina, con el tanque lleno de suero de sal y ella aplastándolo. No tengo idea del procedimiento de hacer quesos, pero ella tenía que escurrirlo de ese modo, no sé si para hacer queso o asadero, pero ella y mi abuela pasaban horas en aquella cocina. Mi bisabuela era ciega, así que con eso se entretenía. También se ponía a limpiar frijoles: identificaba sin problemas las piedras y los frijoles no deseados; los dejaba limpiecitos. Cuando hacía el asadero, yo pasaba y agarraba esas hebras divinas de asadero aguado, calientito, recién hecho, me las llevaba a la boca y luego quería volver a pasar por la cocina para agarrar otro tanto. Total, ¡mi bisa no me veía!, aunque cuando lograba descubrirme, sí me llamaba la atención dizque porque me podía empachar por lo caliente. De todos modos, ¡qué cosa tan deliciosa!

A ese proceso le seguía el llevar los quesos a la prensa. Había que darles una aplastada cada cierto tiempo. Ir con el tío Moy a darle varias vueltas al torniquete que aplastaba el queso conforme iba saliendo el suero era todo un procedimiento y una de mis actividades favoritas.

Mis primos y yo nos entreteníamos todo el día. Nunca dábamos lata pues la pasábamos llenando frascos de piedras y tierra, montando a caballo, persiguiendo animales, metiéndonos al corral de las chivas, enseñándoles a los niños que vivían en el rancho mientras jugábamos a la escuelita, durmiendo a la intemperie para ver los meteoritos atravesar el cielo... Son tantas las cosas que puedo mencionar sobre cómo nos entreteníamos. Sin embargo, antes de dormir nos tenían que dar un buen baño, porque no era fácil aguantar esos olores de tanta actividad acumulada.

Los que más lidiaban con nosotros eran mi abuelo, tito Beto y mi tío Moy, hermano de mi mamá. También mi abuela, tratando de que nos alimentáramos todo el día, igual que como a los animales que se tienen para engorde.

Por otro lado, mi vida en la ciudad no era más que algo normal: ir a la escuela y al *ballet* y tener amigos, muchos amigos. Yo no fui la más bonita, pero sí creo que era muy simpática, porque nunca me faltaban amistades ni planes o actividades «en manada». Yo era la que organizaba por lo general las fiestas. Siempre me gustó eso. Me parece que desde entonces ya empezaba a hacerme adicta a esa adrenalina que se siente cuando eres la responsable de que las cosas salgan a la perfección. Eso es algo que me ha causado graves problemas de los que ya les iré contado, el ser en cierta forma muy exigente conmigo misma.

En mi niñez recuerdo a la perfección que en las noches no podía descansar. Soñaba todo el tiempo que iban tras de mí, que yo estaba jugando en el parque de enfrente y me comenzaban a perseguir, pero yo no podía ni gritar ni correr. Sentía una impotencia espantosa. Recuerdo una vez que me levanté —de seguro medio sonámbula— y me le fui a acostar a mi mamá encima. Ella pegó un grito que me asustó mucho y me regañó. Ella no sabía por lo que yo estaba pasando. Había algo tan raro en esa casa que hasta mi mamá veía a un ser que se pasaba de un cuarto hacia otro.

Con el tiempo, cuando la situación empeoró, ella mandó a llamar a un pastor —creo que se acababa de convertir al cristianismo— y fue a bendecir la casa. Dice que se vieron unas especies de «almas» corriendo de un cuarto hacia otro, pues el pasillo era muy largo y las recámaras estaban de los dos lados. Debe haber sido impresionante. Yo le creo, pues ella no es mentirosa y menos en ese tipo de cuestiones.

Lo único bueno de esa casa en la que duramos doce años era que estaba al lado de la de mis abuelos paternos. La familia de mi papá es muy grande. Él es el más chico de diez hermanos, entonces se imaginarán la cantidad de nietos y bisnietos que había, pero yo me jacto de haber sido una de las consentidas de mi abuelo, don Primitivo Ruiz. Él era lo máximo y les contaría más, pero creo que lo dejaré para otro libro, porque hay demasiada historia. Si estuviera vivo, pasaría los ciento treinta años, aunque puedo adelantar que a mi bisabuela la quemó el pendejo de Pancho Villa viva. Eso está en los libros de historia, mi abuelo y su hermano, se tuvieron que vestir de vagabundos para poderse ir a El Paso (Texas) a refugiarse, porque Pancho Villa los quería matar por haber desertado de sus tropas. Luego lo contaré, y al estilo de la plática de mi papá, que es un deleite.

Retomando el tema del perfeccionismo, según mi signo zodiacal, Virgo, se dice que es una de nuestras características. Puedo decir que so y perfeccionista en algunos aspectos, pero en otros caigo en todo lo contrario. Por ejemplo, durante mi etapa de estudiante, la cual desarrollé de una pésima manera.

Me encantaba ir a la escuela, nunca faltaba, pero que no me pidieran un trabajo o me pusieran una prueba porque la falla era total. Aún a esta edad, sueño de forma recurrente que no tengo la tarea lista para entregar o no sé nada en un examen. Al parecer, mis miedos a fallar me crearon traumas.

En esta etapa de mi vida, creo que puedo empezar a reflexionar sobre el término que describí antes. Creo que me convertí en una pésima estudiante en la preparatoria porque era lo contrario del papel que se deseaba que desempeñara a esa edad. Según el «deber ser», se espera que estudies una profesión para abrirte camino en la vida, ya que sin un título, dicen que no eres nadie.

Fue entonces cuando empezó mi «trastabillar» en la vida. No comprendía que necesitaba tomar decisiones sobre hacia dónde iba a ir y qué quería hacer. Con apenas dieciséis años, considero no haber tenido la madurez ni la claridad suficientes para saberlo, pero en esa época es cuando te sientes con tanta capacidad para tomar decisiones que crees que te comes el mundo. Todo te queda chiquito, pero es cuando empieza el rollo porque los papás comienzan a alejarse. Bueno, al menos los míos. Tuve unos padres que no sé si me apoyaban o más bien no les importaba mucho lo que decidiera, siempre y cuando no les generara mucho gasto. Nunca fueron muy espléndidos en ese tema.

Decidí salirme de la preparatoria. Estaba en una institución cara y de siete materias que llevaba por semestre, mínimo reprobaba tres, así que llegó un momento en que me dio remordimiento de conciencia ver a mi papá prácticamente tirando el dinero porque yo no estaba convencida de si eso era lo que quería hacer. Nadie me exigía mucho ni estaban tan pendientes de mis estudios, por lo que nunca hice mucho por salir bien. Pensaba que si no pasaba, de todos modos no habría consecuencias… eso creía yo…

En ese tiempo yo ya había conocido al que sería mi esposo por veinte años: Javier. La distracción que él me provocaba me llevaba a poner todavía menos empeño en las clases.

Una prima mía muy querida, la Chikis, tenía una agencia de publicidad. No recuerdo bien por qué caí ahí con ella cuando decidí abandonar la escuela, pero era muy linda y me explicó cómo diseñar y publicar los anuncios en los periódicos. Me mandaba a llevarlos a impresión. También me enseñó a dibujar ladrillos. ¡Qué chistoso!, era un anuncio para periódico donde había que dibujar una barda. Les estoy hablando de los años noventa. Lo de las imágenes es lo que más tengo grabado y no sé por qué me impactó tanto. Ahí estuve algunos meses trabajando con ella y hasta me pagaba, mientras yo planeaba qué hacer con mi vida.

Como empecé a adentrarme en ese mundo de la publicidad, encontré el pretexto perfecto para irme fuera de mi casa, lejos de mi ciudad. Compré un librito en donde venía la información de los colegios y las universidades de toda la república. Quería buscar algo alejado de mi localidad y que, además, no exigiera la preparatoria terminada. Necesitaba nuevas experiencias mientras pasaba «algo» en mi vida.

Encontré una carrera técnica en Diseño Gráfico y Publicitario en la ciudad de Monterrey (Nuevo León), aunque debo confesar que no tenía la más mínima habilidad para dibujar, pero sonaba bien y era algo en lo que yo ya tenía experiencia —experiencia de tres meses llevando anuncios al periódico y dibujando ladrillos, ja, ja—; así que se los expuse a mis papás, quienes de seguro estaban preocupados de que su hija descarriada no supiera qué hacer con su vida. Mi brillante idea les pareció espectacular y conté con su apoyo total esa vez.

Unos meses atrás, habían rechazado mi propuesta de irme estudiar a Inglaterra, aunque junto con una de mis grandes amigas ya había organizado los planes, la inscripción de la escuela, el dormitorio y todo. Mi papá a última hora me salió con que no iría porque iba a salir muy caro. Eso me causó el enojo de mi amiga Cristina por casi un año. Ella pensaba que yo había decidido no ir porque me había puesto de novia y no me quería alejar de mi pareja. Creo que nunca le dije la verdad porque me daba pena. Ella siguió con el plan y no se fue sola, por fortuna, sino que dos amigas mías la acompañaron, usando mi nombre, ya que era el que aparecía en la inscripción de la institución. Durante mucho tiempo seguí reprochándole en silencio a mi papá el haberme fallado así, sin siquiera darme una explicación o alguna otra opción.

Una de mis mejores amigas me comentó que también se iría a estudiar a esa ciudad. Acordamos vivir juntas. Ella contactó a una amiga suya, Marcela, que ya vivía allá desde hacía varios años. Ella también era de Chihuahua, igual que nosotras. Nos invitó a compartir departamento, y aceptamos. Le mandamos dinero para apartarlo y, unas semanas antes de irnos, mi amiga dijo que ya no se iba, así que me quedé yo con el compromiso de vivir con Marcela.

Ya viviendo juntas, a ella le entró una depresión muy fuerte, me parece que fue por mal de amores. Se fue a refugiar a casa de una amiga suya, por lo tanto, yo me quedé viviendo prácticamente sola. Ella duraba hasta un mes en ir a la casa, solo iba a recoger más ropa y se volvía a ir otros tantos meses. Y así fue como salí de mi casa y me fui a la ciudad del cerro de la silla, la cual ni siquiera conocía.

Recuerdo el día que llegamos: mi hermano conducía el coche, mi mamá iba de copiloto y yo estaba acostada en el asiento trasero, deprimida y llorando porque me había alejado de mi novio para seguir con mis planes y me dolía la separación, a pesar de haber sido yo la que tomó la decisión.

Cabe mencionar que, siendo de Torreón (Coahuila), él se fue a vivir a Chihuahua por mí, pero yo al no saber qué hacer con mi vida, y al ir tomando decisiones en el momento, pues me aleje de nuevo de él, para irme a otra ciudad, siempre fuimos novios de lejos.

Al abrir los ojos, hinchados de llorar durante las siete horas de trayecto y aún tumbada en el asiento trasero, vi aquellas montañas enormes y me enamoré de su perfección. Fue una imagen y una sensación imponente: estaba a punto de quedarme en una ciudad nueva para mí, vivir con una casi desconocida con la que compartiría la vida, estudiar en una escuela de la que no sabía mucho más de lo que se podía leer en las guías y directorios, manejar por calles de las que ignoraba sus nombres y, aparte, alejándome de quien estaba enamorada. Aunque, insisto, todo había sido por decisión mía.

Me parece que no comprendía muy bien en lo que me estaba metiendo. Tengo grabado mucho de ese tiempo de mi vida, como un casete de baja resolución, con buenas anécdotas con amigos —varios de los cuales estaban estudiando también en aquella ciudad—, pero, en general, fue como un paréntesis en mi conciencia. Así lo percibo ahorita. Eso no era más que falta de enfoque y de madurez. No valoraba el tiempo ni el espacio, estaba muy pendeja y me expreso así porque ahora, que vivo con una conciencia plena, lo que más valoro es eso: el tiempo y el espacio.

Mi novio en ese entonces y luego esposo por veinte años, Javier, iba a visitarme cada dos o tres semanas. Él lo era todo para mí: estaba muy enamorada y él era un apoyo incondicional. Me lleva tan solo tres años de diferencia, pero para mí era un maestro, el que todo lo sabía y lo solucionaba; con quien siempre podía contar.

En mi depa no tenía teléfono y era terrible, pues era la única forma de comunicación que había con él. Me la pasaba sola, extrañándolo, buscando que me prestaran teléfonos en los depas de mis amigos que sí tenían, ansiaba tener uno. Lo bueno era que mis vecinas, tres hermanas de Monclova (Coahuila), eran mi salvación en esa soledad, aunque tampoco tenían teléfono, que hubiera estado genial, algunas noches subía alguna de ellas a dormir conmigo, pues mi compañera de depa desaparecía por meses. Para comunicarme con Javier me iba en el carro a un supermercado cercano que tenía teléfono público. Quedábamos a cierta hora para llamarnos.

En una ocasión que fui al teléfono, no me contestaba, pero de repente volteé y él estaba ahí parado. Es de imaginar cuál fue mi emoción. Yo le platicaba de este súper cerca de mi depa y él pudo dar con el lugar exacto, pues antes no había para mandar «ubi». Fue un detalle muy lindo de su parte. Ya se imaginarán los encuentros fortuitos. Vivíamos juntos un par de días, y creo que yo ni idea tenía de cómo cuidarme para no embarazarme. Eso no lo platicaba con nadie. Nadie me orientaba. Entonces era madura para algunos actos, pero superinmadura para otros y, mientras, yo andaba de lo más feliz.

Así transcurrieron casi dos años de mi vida en esa ciudad, no muy popular en mi escuela, pero sí con muchos de mis amigos y mucho desmadre. Empecé a tomar demasiado en las fiestas, a salir con gente de Chihuahua, de Sonora, de Guatemala, teniendo mis encuentros de vez en cuando con alguno de ellos, normal a esa edad me parece, eso sí, a lo más que llegaba era a besarlos, le era fiel a mi novio, aunque estuviera lejos.

Yo cambié de departamento tres veces, yendo a vivir con gente diferente, bueno, con mis primas, que son como mis hermanas; con un carro que se me descomponía a cada rato, sin clima en mi cuarto, que eso en esa ciudad es como la muerte, ya que son unos calores de hasta cuarenta grados. Imagínense que me despertaba en las noches y me metía a la regadera para poder volver a dormir otro rato. En fin, experimenté todo lo que implica la vida de estudiante, incluso el andar sin nada de dinero algunos días, eso sí, las malas notas no mejoraban. Eso no era lo que yo quería, pero tampoco sabía qué quería. Supongo que soñaba con casarme y jugar a la casita. De esa forma me visualizaba yo, más cuando sentía que ya había encontrado al «amor de mi vida».

En verdad sí estaba enamorada y eso era lo que yo deseaba, pero, como bien se dice, «cuidado con lo que pides porque se te puede conceder». El sueño del matrimonio al lado de mi amor y con unos niños hermosos jugando a nuestro alrededor ¡se me concedió!, solo que imagino que lo pedí antes de tiempo, pues, una vez más, dejaba inconcluso otro capítulo personal: los estudios.

Así fue como me enteré de que venía en camino lo que yo tanto anhelaba: mi primer hijo. ¡Un bebé mío! Debo confesar que moría de miedo. Tenía veinte años. Lo primero que dije fue que no lo quería tener. Ahora me arrepiento a montones de saber que los hijos sienten ese rechazo y «escuchan» lo que dice la mamá. Lo amo con todo mi ser. Sin él mi existencia no tendría sentido, eso es seguro. Sin embargo, percibo que mi hijo tiene un tipo de rencor hacia mí, pues siempre me lleva la contraria en todo. Me cuida, pero me confronta.

Yo estaba tan mensa que ni siquiera sabía que podía haber tomado la pastilla del día siguiente (ni sé si ya existían). Recuerdo la angustia de cuando presentía el embarazo. Andábamos de viaje en la nieve, y entre las subidas y bajadas por la montaña esquiando, yo iba al baño cada rato. Imagínense tener que quitarte toda la ropa que llevas, el traje de esquiar y todo lo que te empalmas para andar calientita, y nada, mi regla no llegaba. Yo ya sentía que estaba embarazada, ese instinto de mujer me decía que lo estaba, pero siempre tenía la esperanza de que no fuera así. ¡Sorpresa: nunca llegó Andrés (el que llega cada mes)! Javier pasando conmigo esa angustia. Nos queríamos.

Por fin iba a poder desarrollar el papel de una película que me entusiasmaba, el de mamá y esposa en mi propia casa, en donde yo mandara, donde se iba a vivir bajo mis reglas.

La noticia no fue la mejor que les podría haber dado a mis papás. Sin embargo, lo tomaron «bien». Tengo muy presente el momento cuando les conté: mi mamá estaba con el trapeador en la mano (como era su costumbre) y yo iba alrededor de ella platicando, nerviosa, buscando el momento de soltarle la gran frase. Estábamos planeando mi regreso a Monterrey después de las vacaciones de diciembre. Mi hermano se mudaría también para terminar allá sus estudios, por lo que teníamos que irnos juntos. Mi papá me había comprado un carro nuevo, un Tsuru, pero no acababa de llegar a la agencia. Creo que pedí un color que no estaba en existencia y tenían que traerlo de otra ciudad. Obvio, yo no quería hacer el anuncio hasta que llegara ese maldito carro. No era probable que me lo fueran a regalar como recompensa a mi graciosada. Cuando mi mamá me dijo que nos fuéramos en un par de días, ahí le solté el notición.

—No, mamá, no me voy a ir.

—No empieces. Siempre dices lo mismo cuando vienes de vacaciones.

—¡No! De verdad, no voy a regresar a la escuela. Estoy embarazada.

Mi mamá soltó el llanto y le echó padres y madres a mi cómplice de acción:

—Claro, qué cosa buena que Javier estuviera yendo a visitarte. ¡Allá, los dos solos! No lo quiero volver a ver…

No recuerdo qué más cosas dijo. Yo estaba en una especie de trance, sin escuchar nada. En eso llegó mi papá y vio que algo estaba pasando, así que también le soltamos el anuncio. Bueno, yo no, mi mamá. Fue una reacción perfecta, me parece. Solo me preguntó qué seguía, que si nos íbamos a casar o qué. Luego empezamos a comer. Recuerdo que tomaba un caldo de pollo y parecía que, con mis lágrimas, no se vaciaba mi plato, sino más bien se iba llenando de más agua. En eso llegó mi hermano y notó la densa atmósfera. Él también reaccionó a mi favor. Les exigió a mis papás que no me dijeran nada, que no me regañaran más. ¡Qué hermoso! Al final, ¿qué más podían hacer sino apoyar el rumbo que estaba tomando? Mi vida era mía…

Así empezaron los planes, trámites y todo lo que se tenía que hacer para lo que seguía: la boda.

Javier me había dado un anillo chiquitito, no como las piedras que les dan ahora a las chavas, pero yo era la más feliz de todas. Él no me dejó anunciarlo con bombos y platillos, pues tenía que darle primero la noticia a su papá. Las cosas se iban a poner color de hormiga en su caso. Estábamos tratando de hacer las cosas como se debían hacer, pero con la inmadurez tremenda que teníamos los dos a esas edades. El anillo me lo dio dentro de un muñequito de peluche, el cual aún conservo. Fue un buen detalle, le echó ganas.

II

El sexto sentido de las mamás

Es impresionante el poder y la intuición que desarrolla una madre. De verdad, ellas sí cuentan con el tan mencionado «sexto sentido». Les voy a contar la anécdota en donde comprobé que mi mamá lo tenía segurísimo.

Unos años antes de que les anunciara que venía mi primer hijo en camino, habíamos ido a un viaje a la playa, a la ciudad de Mazatlán (Sinaloa), adonde solíamos ir cada verano ya que mi papá había adquirido un tiempo compartido y había que desquitarlo. Yo solía invitar a primas o amigas a ese viaje, pues éramos solo mi hermano, tres años mayor, y yo, así que mis papás me daban oportunidad de llevar amigas para disfrutar más de las vacaciones.

Este año yo ya era novia de Javier. Él también tenía la oportunidad de viajar a esa ciudad ya que su abuela materna tenía una casa en uno de los mejores fraccionamientos. Él, su hermano y sus amigos solían ir ahí varios fines de semana durante el verano, así que planeamos las cosas para estar en las mismas fechas por allá. Fue de las mejores vacaciones de mi vida: primas, amigas, novio, libertad. Se imaginarán que pasó lo que no tenía que pasar.

Una noche salimos a cenar, de ahí nos iríamos a un antro en el cual entrábamos con identificaciones falsas, ya que aún no teníamos la mayoría de edad. Nos maquillábamos y nos vestíamos de manera que pareciéramos mayores. Cabe destacar que yo tenía dieciséis años. Comencé a sentirme mareada, tal vez por haber tomado de más, o quizás por algo en el ambiente. Decían que le ponían éter al ambiente y a los hielos para que te sintieras entre confundida y borracha y siguieras tomando más. Javier me sugirió que fuéramos a su casa un ratito mientras me recuperaba, ya que no podíamos sacar de la discoteca a mis primas y a sus amigos, ellos se la estaban pasando genial.

Una vez solos en la casa, vacía y sin que nadie fuera a llegar pues todos andaban en la fiesta, empezaron los besos y de los besos seguimos con otras cosas. Yo estaba asustada y no sabía qué estaba pasando. Recuerdo perfecto sus palabras que me decía: «No te va a pasar nada». Esa noche sangré bastante. Era una sangre como virgen, yo no la había visto así, con ese color tan claro, casi transparente. Nunca se me va a olvidar esa sensación. Qué padre que fue con alguien que amaba. Lo lamento por las chavas a las que les arrebatan ese momento, pues sí es algo que te marca de por vida.

El viaje lo habíamos hecho por carretera. Eran más de quince horas de camino. El carro de mi mamá era un Grand Marquis LTD, un carro grande, pero como yo quise llevar a tres primas, más mis papás y yo, me tocó sentarme en la parte delantera, en medio, obvio, sin cinturón de seguridad ni nada; de todos modos, no se acostumbraba mucho usarlo. Era la parte más dura del asiento. Sufrí durante todo el camino e iba un poco adolorida por lo sucedido la noche anterior. Mi mamá, desde ese momento, empezó a notar mi comportamiento un poco extraño.

Al llegar a la casa en nuestra ciudad de residencia, le comenté a mi madre: «No quisiera perder el bronceado que traigo», mientras me veía la espalda en el espejo, feliz con el color que había adquirido mi piel después de una semana en la playa disfrutando del sol (que, por cierto, es uno de mis vicios). Ella me contestó: «Lo que no deberías perder es la virginidad». Desde ese momento me convencí de que, en efecto, las madres tienen un sexto sentido y una intuición muuuy cabrona. Como imaginarán, me quedé muda.

En definitiva la vida te va preparando para enfrentar lo que te tiene destinado. Claro, contamos con el libre albedrío y uno también va eligiendo el rumbo, pero sí creo que hay ciertas cosas que ya están escritas en tu librito y, como dicen, cuando te toca, ni que te quites.

En ese año me casé. Fue una boda donde yo era la protagonista, pero la que había escrito el guion y había puesto a los demás personajes del evento había sido mi mamá. Eran sus invitados. Los míos se limitaban a mis amigas más cercanas. Más que todo era la familia. Fue una boda linda, muy disfrutada, y, sobre todo, con unos novios muy enamorados.

Cabe señalar que yo parecía una Barbie, no por lo bonita —aunque también—, sino porque mi busto había crecido bastante y aún no tenía panza, a pesar de mis tres meses de embarazo. Entonces el vestido me lucía mucho. Era un vestido clásico de los mil botones por la espalda, cuello alto y manga larga y bombacha. Ahora quisiera volverme a casar para escoger otro modelo.

La luna de miel fue un viaje a la ciudad de Miami y de ahí zarpamos en un crucero por el Caribe durante ocho días. ¡El viaje de mis sueños junto al hombre de mi vida!

Al llegar el mes de agosto, nació mi primer bebé. Fue la emoción más grande de mi vida. En ese momento supe que existía un amor más grande del que había experimentado en mis veintiún años. Lloré de una manera que aún no sé describir: entre emoción, amor absoluto, cansancio por el parto, temor a lo desconocido, responsabilidad eterna. No sé qué era, pero yo lloré y lloré. De ahí les puedo resumir mi vida en general como plena y feliz. Eso era lo que quería para mí y lo había logrado. Disfrutaba pintar las paredes de mi casa, decorar, cocinar y jugar con mi bebé. Mi mamá estaba muy pendiente, así que tenía ayuda en la casa. Esperaba a que mi esposo llegara cada día. Necesitaba poco para ser feliz en ese mundo ideal que había construido. Como reza la frase: «No es más feliz quien más tiene, sino quien menos necesita».

Sin embargo, cuando mi bebé tenía menos de un año de edad, yo caí en un estado raro. Después de haberlo superado y haber leído de eso, lo puedo describir como una «depresión», y no precisamente posparto, porque no fue inmediata, pero sí tuvo mucho que ver con mi sistema hormonal. Solo quería dormir. No me quería arreglar ni para salir al súper. Veía jugar a mi hijo en el tapete donde lo ponía, pero yo me quedaba dormida por momentos. Entonces algo me hacía despertar, imagino que el instinto de responsabilidad. Veía que mi bebé estaba bien, jugando con sus cosas, y me volvía a dormir por minutos. Tengo recuerdos vagos de empezar un tratamiento dental porque me estaba lastimando los dientes de tanto apretar la mandíbula por las noches, pero era tanto mi desgano que perdí todas mis citas. No me gustaba salir de mi casa, solo quería dormir y estar con mi bebé, aunque lo abandonaba a ratos por ese constante cansancio. Eso sí, nunca tuve rechazo por él, que en muchos procesos de depresión, les sucede a varias.

Nunca me documenté al respecto. Mi marido andaba tan inmerso en lo suyo, y teníamos tan poca edad y conocimiento en estos temas, que jamás se percató de que yo no estaba bien.

En mi mente consciente decía que era feliz con lo que tenía: amaba a mi hijo, me gustaba mi casa y vivía con el hombre de mi vida. Todo era perfecto. Esto era algo que yo no sabía que no era normal, pero sola salí del trance. No recuerdo cuántos meses pudo haber durado, pero lo superé sin ayuda de medicamentos ni nada de lo que muchas mujeres reciben para poder superar la depresión posparto, un mal que incluso ha llevado a mujeres al suicidio. Todo eso lo supe muchos años después.

Por otro lado, y en otro tema, yo siempre he tenido un «algo» con el dinero… deudas, por ejemplo, ja, ja, ja… Claro que me gusta vivir bien, me agrada comprar y darme lujos. Sin embargo, no soy de las que anhelan la bolsa de marca, joyas, cosas caras. A lo mejor, como nunca lo tuve, nunca lo anhelé. Por mi falta de interés en esas cosas «mundanas», fui muchas veces criticada y en algunas ocasiones mis amigas hasta sentían compasión por mí. Pobres, no saben que la clave de la felicidad es disfrutar lo que tienes y no anhelar lo que no tienes.

Mi casa no era lujosa, aun así, cuando la gente entraba siempre hacía el mismo comentario: «¡Ay, qué acogedora está tu casa!». Esa es una frase que hasta la fecha, y vaya que ya llevo varios cambios de residencia, me la siguen diciendo. Creo que la energía se la pone uno a las cosas, a los hogares. Si vibras en felicidad, lo que te rodea se impregna de ello y las personas lo perciben. No saben en realidad qué es, pero sienten la energía positiva en el ambiente. Así tengan muebles y cosas baratas, les van a llamar la atención y se debe al ambiente que se respira.

III

La vida en pareja siempre va a ser algo complicado. Cómo no, si somos dos seres distintos, con educación diferente, con anhelos, pensamientos, razonamientos y visiones distintas. Lo que sí me queda claro es que la base del amor y de las buenas relaciones es la admiración. Si no admiras, no amas. Es lo máximo casarte enamorada, viendo a tu hombre para arriba, con orgullo de mostrarlo al mundo. Eso es parte de una relación duradera, a mi parecer. Así me casé yo, muuuy enamorada.

Con veintiún años de edad, un bebé en brazos y jugando a la casita, fui la más feliz del mundo. Por supuesto, tuvimos nuestros desencuentros, varios y fuertes, pero ahora agradezco todo lo sucedido, los problemas, los sufrimientos y los desencantos, porque todo eso fue lo que me formó en la persona que soy ahora, ¡y amo quien soy!

Recuerdo que en mi segundo año de matrimonio ocurrió mi primer «golpe fuerte», pero primero contaré un poco más sobre mis papás para dar contexto. Hasta la fecha, siguen casados, ya hace más de cincuenta años. Recuerdo sus pleitos —aunque nunca nada fuerte—, pero también los recuerdo juntos, de fiesta, de viaje, y no muy al pendiente de nosotros, sus hijos.

Dicen que uno crea lealtades hacia sus padres y estas se clasifican según varios tipos de repetición: 1) pura, 2) por interpretación, 3) por oposición, 4) por compensación y 5) por identificación.

Para serles sincera y ser sincera conmigo, yo no estuve ni estoy de acuerdo con la relación que tuvo mi madre conmigo, y digo ella conmigo porque ella era la adulta, la cabeza, la que sabía, la que marcaba la pauta, la que debía «entrar», cuidarme, estar al pendiente de lo que siento, lo que quiero, lo que pienso, y, sobre todo, el ayudarme a formar un carácter ideal para enfrentar la vida que me iba a tocar. Si supiéramos lo que nos viene, lo estudiaríamos, pero como es algo incierto, entonces te deberían forjar por lo menos una personalidad con la cual fuera más fácil enfrentar la gran variedad de situaciones que de seguro vas a vivir.

Hasta la fecha les puedo decir, y lo veo en los resultados con los tres hijos hermosos que tengo, que haber hecho lo opuesto a ella me resultó. Opté por la lealtad de repetición por oposición, pero ese puede ser un tema interesante que retomaré luego.

Lo que sí es que ellos, mis padres, siempre estuvieron para mí a su manera, sobre todo cuando me convertí en mamá. Mi primer hijo fue como hijo de ellos. Hasta la fecha sigue siendo el consentido de ambos. Como todavía eran jóvenes, fuertes y animosos, se llevaban con frecuencia a mi hijo al rancho a pasar algunos días. El niño allá era libre y feliz. No hay mejor infancia que la que se vive en el campo, rodeada de animales, naturaleza y aire puro, como fue la mía. De modo que yo estaba feliz de que el niño pasara días o hasta semanas allá con ellos. En ocasiones, los acompañaba desconectarme un poco de la ciudad, pero la verdad es que no aguantaba mucho esa tranquilidad. Es demasiada para mí.

Esta ocasión que quiero contar fue la de mi primera decepción fuerte, lo que derrumbó mi mundo perfecto, color de rosa, con apenas dos años de matrimonio, enamorada, con un proyecto de vida, etc. Sí, es triste, pero la felicidad no es eterna, y menos cuando involucra a otras personas.

Considero que siempre he tenido muy desarrollado un instinto, o una habilidad, o no sé cómo se pueda definir. Yo lo describo como que soy bruja, y tengo, hasta la actualidad, varias comprobaciones de esto que estoy afirmando, con testigos y todo.

Resulta que yo ya traía un presentimiento extraño acerca de mi marido. Lo notaba raro. Sabía que algo no andaba bien con él. Entonces planeé mi estrategia para dar con lo que me traía inquieta y el modo de lograrlo era espiarlo. Hice mal de mi parte, porque, como dicen, «el que busca, encuentra», pero prefería tener la certeza que vivir en la incertidumbre. Ese fin de semana mis papás se iban al rancho, así que le dije a mi esposo que me iba con ellos y me llevaba al niño. Él, feliz, nos despidió. Se iba a quedar un par de días solo. ¡Qué emoción la suya!

En ese tiempo, yo no tenía automóvil propio, ya que estábamos en la transición de adquirir uno nuevo y hubo que vender el anterior, por lo que tuve que armar bien los pasos para poder actuar como investigadora privada. No sé si alguien lo ha vivido, esa incertidumbre en donde el estómago se cierra, el corazón casi se sale del pecho, la boca se te seca, etc., la sensación de estar perdiendo lo que más quieres en tu vida. Pues así andaba yo. Decidí decirles a mis papás que me quedaría en la ciudad, se llevaran al niño y me dejaran un coche porque tenía muchas cosas que hacer. Despedí a mi niño con un gran beso. Él se quedó feliz con los abuelos, pues, como comenté, ya era algo usual.

El papá de mi hijo no se había enterado del movimiento que yo había hecho para seguir en la ciudad. Él se juró libre para ir adonde quisiera. Yo tenía el presentimiento, pero no era tan fácil dar con su paradero. Es una ciudad grande y aunque por mi cabeza pasó el recorrer las calles a ver si me lo topaba, tomé una mejor decisión: llamar a un amigo suyo —pobre hombre, en verdad, pues lo puse entre la espada y la pared— y le pedí que me dijera con quién se veía mi marido y en dónde. Yo sabía que se trataba de un lío de faldas, qué más podría ser. Una como mujer sabe cuándo alguien los está distrayendo de lo propio.

Al principio no me quiso decir, pues era su amigo, pero yo siempre he tenido una conexión con la gente bastante fuerte. No sé por qué, pero hasta los amigos de él me consideraban una buena amiga. Hasta el día de hoy me he quedado con muy bonitas amistades gracias a mis exparejas. Cuando lo llamé para que me ayudara con este asunto, se puso muy nervioso. Le dije que pensara si me quería decir o no y que yo iba a estar en casa de unas amigas mías. Le di el número de teléfono de esa casa —antes no había celulares— y colgué. Los minutos pasaban muy lento. El ambiente se percibía tenso. Mis amigas ya sabían lo que estaba ocurriendo y de la llamada que estaba esperando. Transcurrieron unos cuarenta minutos cuando sonó el teléfono. Al otro lado de la bocina escuché con atención la información que él me dio. Colgué y salí a la calle a buscar la dirección que me había proporcionado.

Ya se pueden imaginar mi tembladera. No recuerdo ni cómo manejé ni a qué velocidad iba, lo que quería era comprobar con mis propios ojos lo que sentía que estaba sucediendo.

Al llegar a la calle con el nombre que me había dicho el amigo de mi marido, en efecto, vi estacionada su camioneta, una *pick-up* verde aceituna. El corazón se me salía por la garganta, el estómago se me puso del tamaño de una nuez y las manos me temblaban. Esa adrenalina —la cual creo que hasta me causó adicción— me empoderó de una manera inusual que hasta la fecha me ha servido en momentos en que me ha provocado esa misma reacción. Me bajé del coche de mi mamá y toqué la puerta que estaba justo enfrente de la camioneta de mi marido.

Primero comprobé que le perteneciera, y sí, porque, además, estaba en el interior una chamarra suya. Llamé a la puerta de esa casa sin saber con lo que me iba a encontrar, pero lo tenía que averiguar. Me abrió una señora mayor, le pregunté si conocía al dueño de la camioneta estacionada en su puerta, y ella me comentó que al parecer era de la casa de la acera de enfrente. Crucé la calle para llamar a la puerta de esa casa. Cuál fue mi sorpresa cuando abrieron la puerta y reconocí a una niña —porque no era mayor de dieciocho años—: era una mujer que conocí en una ocasión que fuimos a una reunión de un grupo de amigos de mi marido. Casi lo obligué a llevarnos a mi hijo y a mí, porque sabía que había un jardín donde el niño podía jugar, y sus amigos eran conocidos míos también. Ella me había llamado la atención, no sé por qué. Supongo que la vida me revelaba que había alguna conexión entre ella y mi esposo. Al reconocerla le dije que solo quería comprobar que ahí estaba él y que estaban bien.

Él se asomó a la puerta al escuchar mi voz, tal vez para comprobar con sus propios ojos que no se equivocaba y que yo estaba en casa de su «amiguita». Era un hecho casi imposible, pero para nosotras «las brujas» todo es posible. Siempre he dicho que el universo conspira a mi favor.

IV

Lo que vino después de ese encuentro se lo podrán imaginar: pleitos, reclamos, promesas, etc., Yo, a pesar de mi corta edad, no quería romper con mi proyecto de vida. Por fin estaba viviendo lo que había visualizado para mí. Además, él era el hombre que yo amaba y no se lo iba a dejar tan fácil a alguien más. Aunado a eso, me acababa de enterar de que venía mi segundo hijo en camino, así que pensé que continuar sería lo mejor para todos, o lo mejor para mí, quizás.

A este episodio le siguieron este nuevo hijo y otro más, y casi veinte años de matrimonio, pero como dicen: «La gata no era arisca, la hicieron».

En una ocasión, leí que dicen que uno nace como un diamante en bruto que hay que ir puliendo. Esto es posible con cada enseñanza, vivencia, con lo que se va aprendiendo de la vida, la superación de obstáculos, etc. Sin embargo, yo creo que nacemos como un diamante perfecto, brillante, hermoso, y que cada suceso, cada acontecimiento que vamos teniendo, nos va poniendo una capa de tierra, una sobre otra, y llega el momento en que ya no se aprecia lo bello del diamante, el brillo ni la pureza. Depende de nosotros irnos quitando esas impurezas, o por lo menos poder seguir viendo la belleza a través de esas distintas capas que se formaron con las experiencias vividas. Esa es la teoría con la que me quedo.

Mucha gente me dice que por qué no aprendo de los golpes y me hago «mala», que por qué sigo siendo una buena persona si me han herido o lastimado, que por qué sigo recibiendo a aquellos que me hicieron daño. Ya ni trato de justificarme. Sé que su pensamiento es que, en lugar de buena, ya me convertí en pendeja, así que mejor los dejo por su lado y listo. Creo que yo he desarrollado una habilidad y que soy como el diamante que tiene capas de tierra, pero, aun así, puedo ver la belleza, tanto la mía como la de los demás.

V

De seguro muchos opinarán que el amigo de mi marido fue un traicionero, que le falló a su amigo, pero estoy convencida de que el universo ejerce un poder en las personas para poder conspirar a favor de la justicia. En este caso, estaba de mi lado, aunque se rían. De verdad, el universo conspiró a mi favor y puso las cosas, las personas y las circunstancias perfectas para mi beneficio. Me parece que ese amigo no supo ni por qué lo hizo. Obvio, yo jamás se lo mencioné a mi esposo. Manejé la versión de que le había puesto un investigador privado. Aunque creo recordar que después de unos diez años le conté. Desconozco si le dijo algo o no, pero a mí su amistad me vale madres.

Nació entonces mi segundo hijo. Era una princesa hermosa. Yo ya sentía mi vida completa; era la más feliz. Un tiempo después regresé a bailar *ballet* clásico con una compañía que se abrió en la ciudad. Hacíamos presentaciones dentro y fuera de la ciudad. Dedicaba de este modo mi tiempo a mi casa, mis hijos y mis ensayos, en los que pasaba casi todo el día. Me llevaba a mi hija chiquita. Total, el ambiente era femenino y ahí le sobraban brazos para cargarla y entretenerla.

Mi otro hijo ya estaba en el kínder y mi marido había dejado de ser una prioridad en mi día a día. Viajé por varios lugares, tuve varias presentaciones. Yo era la más grande o la segunda más grande del grupo, y aparte casada con dos hijos. Como que no entonaba muy bien ahí, pero mi físico aún daba para eso y más, así que continué ahí por unos dos años más, hasta que un día, en el teatro, en una presentación en la cual yo interpretaba varios personajes en los bailes, algo me pasó. Se me olvidaban las cosas. No salí al escenario cuando tenía que salir. Me cambié de vestuario antes de tiempo. Eran cosas rarísimas y yo me sentía muy extraña.

Cuál fue mi sorpresa cuando al día siguiente me entero de que estaba embarazada de mi tercer hijo que, la verdad, no quería tener, pues iba a interrumpir esa carrera de bailarina que tanto estaba disfrutando en ese momento. Después de varios años, en alguna plática, salió a relucir que mi marido lo planeó bien. Él me veía muy segura del rumbo que estaba tomando y no me ayudaría tener otro hijo, ni yo lo iba a buscar. Así que hizo lo propio para que viniera el tercero de la familia, pues él sí lo anhelaba.

VI

Siempre he tenido que estar en movimiento, así que en el tiempo que me dediqué a mis hijos, a mi hogar, a ser señora de club, por otro lado, estaba emprendiendo en negocios. Vendía ropa de niños —en lo que fui un fracaso, pues no me gustaba cobrar—, repostería con nueces que me traía mi esposo de su rancho —las friegas eran horribles—, o comerciaba cuadros que yo pintaba y lámparas que aprendí a hacer en San Miguel de Allende —mi lugar favorito—, entre muchas otras cosas más.

Necesitaba sentirme útil. Ser mamá era lo máximo, pero nunca dejé de lado mi individualidad y creo que eso ha sido la clave de mi felicidad, de mi éxito como persona. No fue que pasara una etapa a la cual dediqué mi cien por ciento y después ya no sabía qué más hacer, pues siempre tuve varias vertientes y eso me ayudó a estar siempre ocupada y tener continuidad. Las fiestas que les hacía a mis hijos las planificaba meses antes, con todas las manualidades y detalles que iba a dar en la fiesta. Me ponía a hacerles todo con anticipación, me documentaba de lo que quería crear y lo hacía yo sola todo. Eran fiestas para cincuenta o más personas. De verdad, me quedaban espectaculares. Ellos tienen bonitos recuerdos de sus piñatas.

Desde muy niña siempre me gustó organizar fiestas y bailes y, por qué no decirlo, dar instrucciones, ser líder. A los doce años había formado, junto con mis primas, un grupo musical. Bueno, no sé si se deba llamar musical, pues no tocábamos ningún instrumento, solo imitábamos a los grupos de moda. Cantábamos sus canciones, creando las coreografías. Por lo general, de las cinco del grupo, era yo la que daba instrucciones a las demás, la que ponía los bailes, la que decía qué papel iba a interpretar cada una, qué vestuario usaríamos, etc. Era la época de grupos famosos de niños, como Parchís, Timbiriche y Menudo, así que ensayábamos sus canciones más populares. Nos uniformábamos o disfrazábamos según el caso y nos presentábamos en las fiestas infantiles. Nos contrataban en los salones en donde se hacían fiestas. Éramos parte de los *shows* que ofrecían en esos lugares.

Cuando una de mis primas, un poco mayor que yo, se desarrolló demasiado, se le formaron unos pechos muy grandes. Eso no coincidía con el concepto de bailar para los niños —imagínense que todos se le quedaran viendo cómo le brincaban, a esa edad en que llaman más la atención—, así que decidimos disolver el grupo. Recuerdo que rompimos el cochinito donde teníamos nuestros ahorros y cada quien sacó cien pesotes. Les estoy hablando de los años ochenta, así que era algo de dinerito. ¡Qué niñez tan bella!

Pero eso fue hace muchos años, en donde así nos divertíamos, creando, inventando, cero tecnología. A lo más que llegábamos era al tocadiscos de acetatos. Eso sí, ir a comprar el disco de tu artista favorito era lo máximo. Cada vez que lo reproducíamos, veíamos por horas la portada, la foto del artista, leíamos el título de las canciones mil veces. Todo era muy disfrutable.

VII

Es más fácil construir niños fuertes
que reparar adultos rotos

Me encanta contar la historia de cómo me adentré al mundo laboral, por eso les comenté antes lo que me gustaba desde niña. Tengo un grupo de amigas que amo y que me han dado identidad. Tenemos una muy bonita amistad. Somos las famosas «incomprendidas» y respetamos siempre cómo y quiénes somos. Por medio de una de ellas tuvimos una invitación a un evento que le hacían a un candidato a la alcaldía de la ciudad, quien era conocido de todas nosotras. Asistí con mis amigas a ese evento, que era de unas trescientas personas o más, y cuando empecé a ver la logística, la decoración, los alimentos, a los organizadores yendo de un lado para otro, asegurándose que todo saliera a la perfección, algo llegó a mi mente y me dije: «Esto lo quiero hacer yo».

Como suelo ser una persona que cuando se me mete algo en la cabeza, lo tengo que hacer y, si no, no puedo dejar de pensar en ello, «me puse manos a la obra», como me encanta decir. Por cierto, eso me lo enseñó una persona que ha sido mi más grande maestro. Más delante les contaré de él. «Hay que hacer tu diez por ciento para que las cosas sucedan», así que me formé en la fila en donde el candidato recibía a cada invitado, en donde me supongo lo felicitaban, le daban su apoyo y le ofrecían su voto para el triunfo. Ahí fui yo y me formé en la fila con, tal vez, un montón de empresarios que de seguro le ofrecían negocios, dinero o cosas así. Yo no tenía nada que ofrecer más que mi voluntad, mi trabajo y mi entusiasmo por estar en movimiento y ponerme en acción. Ese es mi «problema»: siempre quiero estar en acción.

Cuando me tocó mi turno de saludar a mi amigo candidato, él se sorprendió al verme. Lo felicité y le dije:

—Quiero estar en tu equipo.

—¿De verdad? ¿Y qué es lo que quieres hacer?

—Esto —volteando a ver todo el recinto del evento.

—Ok...

Acto seguido, me presentó a su asistente y le dijo que me recibiera al día siguiente en su oficina y me acomodara en donde yo quisiera, como parte de su equipo. Así transcurrió todo el evento, en donde nos dieron de cenar, hubo música y, eso sí, cientos de personas.

A los dos días, me presenté muy puntual a la hora que me habían citado. Estaba en la oficina de casa de campaña, buscando al chavo que me había presentado. Al dar con él no me recordaba del todo. Dijo que solo se acordaba de que una guapa iba a ir a buscarlo. Le dije que era la que quería unirse al equipo del candidato. Se acordó o fingió acordarse de mí y me preguntó si me gustaría estar en el área de relaciones públicas. Siendo sincera, para mí eso era un término nuevo, pero con la descripción que me dio de las labores que realizaban en ese departamento, supe que sí era lo que yo andaba buscando: organizar eventos.

Bajamos unas escaleras y entramos a una oficina bastante pequeña, en donde estaban tres o cuatro personas organizando unas fotos del evento al que yo asistí y montándolas en unos portarretratos de cartón en donde el candidato agradecía a cada uno su asistencia y apoyo. Me presentó con ellos y cuál sería mi sorpresa cuando noté que a dos ya los conocía. Gracias a ellos, fui muy bien recibida por los demás. De inmediato, me ofrecí a ayudar con la actividad que realizaban.

Desde ese momento que empecé a entablar otro tipo de conversaciones, conocer otros estilos de vida, otra visión de las cosas y las situaciones, supe que eso era para mí. No quise volver a sentarme en el club deportivo, ni ir a tomar café para esperar que pasara la mañana y poder ir por mis hijos a la escuela, quedarme hablando con mis amigas de cosas banales como carros nuevos, casas, muchachas, todo en términos de comparación y en competencia, para ver quién tenía lo más y lo mejor. Vaya que las quiero y agradezco siempre el poder tener un nivel de vida privilegiado y de lujos, pero sentí que ya había llenado esa parte de mi ser. Es más, estaba saturada. Mi espíritu daba para más. Quería conocer que más había, que más era capaz de hacer.

Los meses que duró la campaña anduve en las colonias marginadas, conviviendo con la gente que recibía al candidato como un dios en sus casas, que le cocinaban lo que para ellos eran unos verdaderos manjares, y vaya que lo eran, pero no por lo lujoso, sino por lo rico y el amor que se notaba en cada platillo preparado para el futuro alcalde de la ciudad.

VIII

Cada quien da lo que tiene en el corazón

Una anécdota que se me quedó muy grabada, que es algo sin importancia, si así lo vemos, pero que hizo que el chip en mi cerebro cambiara, fue en una ocasión que me subí al coche de uno de mis compañeros de labores. Debíamos asistir a un evento y yo me fui con él. Al subirme a su coche me percaté de que no tenía aire acondicionado, cosa que para el calor que hace en mi hermosa ciudad natal era casi casi un pecado, pero, bueno, no pasa nada, no me voy a morir por sufrir calor. Entonces decidí bajar el vidrio. Cuál fue mi sorpresa que al buscar dónde se le bajaba no lo encontré, pues era manual y se le había caído la manivela. El que no fuera eléctrico me sorprendió un poco menos.

La solución fue abrir la ventana de la puerta trasera, y así lo hice por indicaciones del dueño del coche. Esto causó tal impacto en mí que hasta sonreí, pero de emoción. No sé cómo explicarlo. Él era una persona tan agradable, tan trabajadora, tan amable conmigo y con todos, que me dio gusto saber que no se rodeaba de lujos, como yo pensaba que era necesario para ser feliz. Como mis amigas, que pensaban que si su camioneta era de dos modelos atrás, le tenían que exigir al marido el cambio inmediato porque era un horror no traer coche del año. ¡Pendejadas!

Llegó por fin el gran día de las elecciones y estábamos por celebrar el triunfo. Éramos muchos y todos habíamos trabajado duro y muy comprometidos, de sol a sol. Estábamos seguros de que íbamos a ganar. Las cosas se fueron poniendo tensas conforme iban anunciando el conteo. Al final resultó que perdió nuestro candidato. ¡Nadie se esperaba eso, pero así sucedió! La política es un enigma y se mueven muchos intereses personales, por lo que se tienen que cuidar de todo y de todos. A nuestro candidato le jugaron chueco los de su propio equipo y lo hicieron perder. Esa fue la información que se manejó.

Hubo una reunión con todo el equipo donde con lágrimas en los ojos nos informaban que esto se había terminado, que ya todos podíamos regresar a lo que estábamos haciendo antes de unirnos al equipo. Nos dieron las gracias por la entrega y el trabajo, y ahí quedó. Yo, la menos afectada, creo, ya que me había integrado más por vivir la experiencia, por sentirme útil, por cambiar de dinámica que por necesidad de algún ingreso económico —es más, ni siquiera me visualizaba yo trabajando de tiempo completo—, vi gente que de verdad se estaba jugando su futuro, con la esperanza de conseguir algún puesto. Ni hablemos de los grandes empresarios que le apostaron al todo y le invirtieron dinero. Todo estábamos muy agüitados, cada quien por su motivo, pero las derrotas siempre son duras.

IX

Efectivamente, regresamos a nuestras vidas después que cerró el centro habilitado como «casa de campaña». Ahí nos reunimos cada día para trabajar con un único fin: ganar. Pero no lo logramos. Sin embargo, siempre se saca algo bueno de las situaciones.

Justo al lado de la casa de campaña había un banco con varias oficinas. Un domingo me puse en un parque donde celebraban el Día del Arte, y podías llevar tus cuadros o lo que hicieras para venderlos. Ahí se me acercó una señora que le gustó mi arte y me dijo que si la podía contactar para que le pintara cuadros y le decorara su oficina. Me dio su tarjeta y al día siguiente pedí una cita con ella y fui. Cuál fue mi sorpresa al descubrir que estaba justo al lado de la casa de campaña; era mi vecina. Era un banco con varias oficinas y ella era la directora general. Finalmente, le hice como cinco cuadros que colgaron por todo el lugar. Yo de ahí saqué un dinerito. Hasta la fecha, los mismos siguen adornando las paredes.

Después de lo vivido y lo aprendido, de haber tenido esa sensación de ser útil, de trabajar en equipo, de escuchar otras pláticas, ver otros estilos de vida y conocer el mundo laboral, ya no quería volver a lo mismo. Ya no quería ser una «señora de club». Sabía que podía complementar mi rol de mamá y de esposa con esto que acababa de conocer. Me sentía con la capacidad de hacer bien ambos papeles.

Una mañana me fui a casa de mi mamá y le comenté sobre mi inquietud por hacer algo, trabajar, relacionarme en otros mundos. Me recomendó hablar con una amiga suya, Elsa, quien era la directora del Instituto de Antropología e Historia del estado. Aunque no tenía muy claro qué le iba a pedir, saqué una cita y fui a verla. Me recibió de lo más amable. No sé qué pasaría por su cabeza, pero ella, con toda la disposición del mundo y dejando su trabajo por un momento, me enseñó todas las áreas del lugar, y me explicó las tareas que realizaban, desde restauración, investigación y medios hasta informes de los rescates, entre otras cosas. Me preguntó qué me interesaba hacer. Le respondí que yo había estudiado Diseño Gráfico. Confesé que no lo había terminado, pero estaba dispuesta a jugármela y aprender en el camino.

Fue muy interesante saber lo que hacen en esa dependencia del gobierno y cómo la antropología va ligada al arte. Siempre me gustó pintar, bailar y las diferentes expresiones artísticas. Fue fascinante ver al pasar por cada cuarto que cada quien estaba haciendo su oficio. Unos restauraban un retablo que pertenecía a la iglesia de un pueblo y era de un siglo muy lejano de este; otros estaban limpiando objetos o fósiles encontrados en otra zona del estado de Chihuahua; en otra área estaban tratando de pegar un marco de un cuadro valuado en miles de dólares. Así me topé con libros, antigüedades y piezas raras.

La verdad es que yo no sabía nada de eso (como de la mayoría de las cosas en las que me involucraba). Aun así, estuve dispuesta a aprender y hacer todo lo mejor posible. Aporté un poco de lo que sí conocía, que era el diseño y la publicidad, por lo que me quedé en el área de comunicación. Ahí fui la encargada de hacer la imagen de los congresos y conferencias que organizaba la institución cada determinado tiempo. Me encargaba de diseñar las invitaciones y los carteles. Claro, yo estaba feliz porque asistía a los eventos.

Fue una experiencia en la cual aprendí muchísimo, y no tanto de arte, historia, fechas o esas cosas. La verdad es que no tengo mucha retención de esos datos, pero sí aprendí mucho de la vida, de su simplicidad, a no depender de cosas materiales, a ver que no importa la ropa que traigas, ni el coche, ni cuánto dinero portas en la bolsa. El mayor atractivo de alguien es su inteligencia. Admiré a tantas personas en ese lugar por sus conocimientos y por sus pláticas. Fue una de mis mejores experiencias salir al campo con ellos, escucharlos cómo te explicaban y te daban datos hasta de los años que tenía la construcción por la que había pasado durante tanto tiempo y a la que no le había prestado nunca atención.

Ese año que duré ahí trabajando fue de lo mejor que viví. La gente me incluyó de inmediato en sus actividades. Hasta me invitaban a las fiestas. Eran fiestas distintas a las que yo conocía. Aquí, por ejemplo, me enseñaron a tocar bongós. Eso sí, mi distintivo era mi vestimenta, diferente a la de la mayoría. Para ellos vestirse era símbolo de comodidad, no de moda, y por eso me gané el mote de «la modelo del INHA». Lo amé.

Ya estaba trabajando como lo había deseado. Entré al mundo laboral, tuve mi primer contrato y mi primer sueldo. Confieso que odio los trámites de cualquier tipo, pero disfruté ese papeleo para la contratación. El sueldo no era mucho, pero no era mi prioridad. Yo me sentía parte de algo en donde estaba dispuesta a aprender y observar todo. Ese mundo era nuevo para mí, un mundo que yo busqué y al que pude entrar, así de fácil. Tenía un camino nuevo que quería y que iba a explorar. Me metí a tomar unos cursos de Corel Draw para, por lo menos, saber un poco del diseño en computadora. Recuerden

que venía de los tiempos de Letraset, de regla T y de restirado-
res, cuando todo se hacía a mano.

Mi principal papel en la vida seguía siendo el de mamá, eso
nunca lo olvidé, pero estaba feliz de descubrir otras facetas de
mi desarrollo y encontrar oportunidades de demostrar que
tenía mucho para dar, y poder hacerlo. Tenía tantas ganas de
trascender...

X

Trascender: empezar a ser conocida

La vida te va presentando los momentos perfectos y a las personas adecuadas para que las cosas sucedan. ¿O será que nosotros las vamos buscando en el camino en donde al final van a dar fruto?

Por aquel paso que di de integrarme al equipo de campaña de aquel candidato, llegó una oportunidad que no me imaginaba que se fuera a convertir en el parteaguas de mi vida. En ese entonces acababa de abrir sus puertas el restaurante más elegante que iba a tener Chihuahua. Estaba ubicado en el centro histórico, en un recinto hermoso que es patrimonio de la ciudad, protegido por el INAH (¡cómo todo se entreteje!). Una casona de principios del siglo pasado, con una historia increíble, ya que ahí vivía la familia del hacendado más rico del estado, cayó en manos de un empresario fuerte, el Sr. Vallina, y la convirtió en el restaurante más emblemático de la ciudad, una referencia para la ciudad. Y ahí entré yo a la escena.

Me llamaron para ofrecerme colaborar con ellos en el área de Relaciones Públicas. ¿Qué era eso? Bueno, ya estaba un poco más relacionada con el término, pero no me lo imaginaba en el área de restaurantes. No era un término tan conocido aún. Cuando me lo ofrecieron, yo no sabía qué decir. No sabía si era algo en lo que yo, como esposa, mamá y perteneciente a la sociedad de la ciudad, podría aceptar. Dudé un momento, aun tratándose de gente conocida por mí de toda la vida, incluso buenos amigos míos. Me ofrecieron un buen dinerito, más de lo que ganaba en el instituto. Lo consulté con mi esposo y él, como siempre, me permitió tomar la decisión de acuerdo con lo que yo quería. Acepté la oferta y en los siguientes tres años fui la encargada de las relaciones públicas del famoso restaurante La Casona, de Chihuahua.

Qué rápido se iba desarrollando mi vida laboral. Iba avanzando y se me iban dando las oportunidades sin buscar demasiado. Es cierto que ya poniéndote en el escaparate es más fácil que las cosas se den. Pasa lo mismo con las relaciones amorosas: soñamos con tener a la pareja ideal, pero si no nos damos la oportunidad de aceptar invitaciones, de salir a divertirnos, de tener una vida social, pues es más difícil conocer al príncipe azul.

XI

Mi trabajo consistía en ser la anfitriona del restaurante, atender a los clientes de una forma personalizada, ver cuestiones de servicio, organizar eventos, jalar gente, hacer que todos quisieran volver al lugar y hacerlos disfrutar de la mejor experiencia.

Aprendí a introducirme en el mundo empresarial, del cual no tenía ni idea, y también en la sociedad. Eso no me costó mucho trabajo porque, por el ambiente del que yo venía, ya sabía tratar a los posibles clientes. Debo confesar que no tuve que hacer mucha labor de convencimiento para que nos visitara la gente, pues el lugar era hermoso, con una atención increíble, una comida espectacular y el único en la ciudad de esa categoría. A todos nos gusta de vez en cuando darnos un pequeño lujo.

Comencé a ser famosa. Hasta los compañeros de trabajo se impresionaban de todas las personas que yo conocía y se habían vuelto nuestros clientes. Atendía mi celular todo el día por llamadas para hacer reservaciones y todo tipo de eventos en el restaurante. Tuve trato con muchísima gente.

XII

Puede que esté mal hablar de mí, pero de eso se trata este libro: de mis experiencias, mis vivencias y mis aprendizajes. Claro, escribiré las cosas buenas, pero también las malas, pues son todas las que me han llevado a estar donde estoy. El fin es que mis hijos y mi gente conozcan mi historia. Aunque no sea nada extraordinaria, es mía y la quiero compartir así, como si tuviera la oportunidad de tener varios días de charlas interminables en donde poder contarles todo lo que quiero compartir. Mi propio monólogo. Sobre todo, decirles que he podido hacer lo que me ha dado mi entendimiento o, más bien, lo que me ha dado la gana, a pesar de mis limitantes y mis circunstancias.

Qué importante es reinventarte, cambiar, salir de tu zona de confort, arriesgarte a ver qué más hay en la vida, observar los distintos modos de vivir de los demás. De ellos es de quienes aprendemos. Por la gente que no tiene tanto, valoramos. Por la gente que se comporta de manera negativa, evitamos caer en la queja. Por la gente que sufre, nos hacemos más humanos, etc. La gente nos ayuda a seguir formándonos, a aprender de las relaciones. Solo aprender. Todos con los que nos topamos vienen a enseñarnos algo. Son nuestros maestros de vida.

Mi carácter, lo aprendido y mi condición de dirigirme a la gente, con esa amabilidad, con esa educación y con esa comprensión que tengo por el ser humano, es una cualidad que muchos no tienen, Es un valor que se ha perdido. Se han vuelto muy intolerantes. No respetan cómo ve el otro la vida. Queremos que sean iguales a nosotros, que piensen y sientan igual, y eso es imposible, ya que cada ser humano percibe las cosas desde su perspectiva, según lo vivido y lo aprendido. Es muy importante para poder relacionarte. Aquí es donde yo mencionaría la frase tan famosa de don Benito Juárez: «El respeto al derecho ajeno es la paz». Así que, gracias a eso, fue como conseguí ese trabajo y terminé volviéndome exitosa, en mi área y a mi nivel.

Un día, después de casi diez años de haberme dedicado a las relaciones públicas, un conocido empresario me preguntó:

—Platícame de ti, ¿a qué atribuyes tu éxito? Porque dice la gente que eres exitosa.

—La verdad es una idea que nunca me había planteado. No me considero exitosa. Exitosas son las personas que trascienden, que tienen fama, dinero, empresas, propiedades. Yo solo tengo lo que soy.

Eso pensaba. Ahora puedo afirmar que estaba en un error tremendo al tener esa creencia. Exitosa no es la persona que más bienes o fama o dinero posee, sino aquella que, con lo que hace y ha logrado, siente paz.

Así que sí, sí era exitosa, y mucho.

El caso es que «mi éxito», como lo llaman, no sé de dónde vino ni en qué momento llegó. Yo nada más disfrutaba de lo que hacía, del contacto con la gente, de conocer personas interesantes, hasta de lidiar con el factor alcohol haciendo estragos en la gente. Mis amigas me decían que mi trabajo era de horror, por tener que sonreírles y «dar por su lado» a las necedades de las personas que abusaban un poco de las bebidas embriagantes. Yo solo los respetaba como individuos. Debo confesar que en la actualidad ya no me encanta esa práctica; ya no soy tan paciente.

Así fueron los siguientes tres años de mi vida, mi mejor época, mi despertar a otro mundo, cuando logré valerme por mí, sin pedir permisos, sin pedir nada, ni dinero. Debo confesar que lo mío no ha sido pedir. Esto se veía prometedor, lo disfrutaba. Yo era el centro de atención y, por qué no decirlo, de atracción también. ¡Era la única mujer a la vista, ja, ja! Qué cantidad de admiradores salieron, qué cantidad de piropos, qué cantidad de palabras de halago para mi persona, para mi físico. Algo que yo no conocía, pues como ya comenté, y sin sacar «mis traumas» —como me dice mi hija cuando hablo de cosas de mi pasado—, nunca fui una mujer atractiva, ni mis papás eran los más amorosos como para levantarme la autoestima, aunque mintieran un poco. De vez en cuando, hay que hacerlo.

XIII

La dimensión de tu drama
es proporcional al tamaño de tu ego

Así mi ego comenzó a subir, ese pasajero que traemos en la parte trasera del coche y que todo el tiempo nos está hablando, dándonos instrucciones de comportamiento; esa vocecita que no para, pero que tenemos que aprender a dejar de escuchar cuando ya se pone muy necia y nefasta. Si fue para mal o para bien, aún no lo sé, lo que sí sé es que eso me dio seguridad en mí misma y para manejarme en un mundo de hombres, de envidias y de estar en desventaja por mi sexo.

Es de mucha ayuda tener una personalidad que no pase desapercibida, segura, de «creérmela». Claro, nunca perdí la sencillez, me parece. Si así hubiera sido, no estaría, después de más de quince años, aún en este rubro, y más con el mérito de seguir sin siquiera tener terminada la prepa. La prepa no la terminé, la carrera técnica a la que me inscribí tampoco, pero alcancé el éxito a pesar de que por todos lados nos bombardean con la idea de que si no estudias y sacas una carrera, no lograrás nada en la vida. Pues soy la prueba pequeña de que la vida tiene muchas vertientes y no hay una verdad única en ese «tener que», tan mencionado.

No quiero dar el consejo de que no estudien, ni mucho menos. Lo que sí es que, si la vida nos fue marcando caminos distintos, en definitiva cada quien lleva sus pasos, su ritmo y su rumbo. Aun así, siempre se puede sacar provecho de nuestras fortalezas personales. Me acuerdo perfecto de una frase que decía mi suegro, y que nos daba el ejemplo de varios conocidos de él que habían sido unas eminencias en la escuela y no les había ido bien en la vida. Él decía: «Diez en la escuela, cero en la vida». Yo prefiero que mis hijos sean al revés, les va a ir mejor, lo sé.

Lo que sí me ayudó bastante fue el haberme ido de casa. Estar en otra ciudad estudiando me abrió un poco el panorama. Yo era muy inmadura. En cambio, estar lejos de casa sirve: o te hace mejor persona o te descompone.

Aquí quiero hacer un paréntesis y platicar de un buen amigo, que en paz descanse. Tuve una charla con él hace muchos años y me dejó una enseñanza tan fuerte que después se me presentó la oportunidad de aplicarla en la educación de mis hijos. Él era un hombre muy guapo, de buenas familias, de dinero, uno de esos chavos populares que cuando lo describes, dices: «Lo tiene todo». Y sí, parecía tenerlo todo, pero en realidad lo que tenía era un gran vacío en su alma, y eso lo llevó a caer en las drogas. Sí, las drogas matan. Como dije de él, que en paz descanse.

Duró varios años así, metido en ese mundo espantoso y consumiéndose poco a poco hasta que tocó fondo. De ahí resurgió. Abrió su propia clínica de rehabilitación, la cual hoy por hoy sigue ayudando a muchas personas. No conozco la historia a detalle, pero de seguro se encontró a uno o varios ángeles que lo ayudaron a salir de eso. ¡Qué alegría! En una ocasión, ya él rehabilitado, me comentó que su perdición fue que lo mandaran a estudiar a una escuela militar a los trece años, la edad más vulnerable, donde conoció y adquirió el vicio. Así que su consejo fue que no lo hiciéramos con nuestros hijos.

En los Legionarios de Cristo, secta que muchas de mis amigas profesan, porque creo se puso de moda entre los ricos, se llevan a los niños a esa edad, de intercambio de la escuela. Me parece que se los llevan a Irlanda, donde debe estar la sede. Cabe destacar que esa organización la formó uno de los peores pederastas de los últimos siglos. Se los llevan a convencerlos de ser curas. Claro, como es la edad vulnerable del ser humano, aprovechan para ver si los convencen. Muchos caen, y otros dudan. Lo bueno de todo esto es que los chavos siguen su rumbo. Si no, imagínense cuánto curita abusando de niños y mujeres. ¡Qué horror! Que me disculpen los que sean de esa religión, yo los respeto, pero eso no lo concibo.

Qué difícil tarea nos encarga la vida cuando tenemos hijos. Apenas sabemos sobrevivir nosotros con tantos fantasmas que traemos y con tanta información en la cabeza que no sabemos en realidad qué es lo correcto o no. La frase está trillada, pero es real: «Cada cabeza es un mundo». Y, pues, a los hijos los educamos o les transmitimos lo que traemos. Pobres de ellos...

Yo no juzgo a mis padres. Aunque sí, definitivamente ahora que soy adulta, y ya tuve la dicha de sacar a tres seres humanos a la vida, encuentro los «errores» de ellos, bajo mi criterio, claro. Solo les puedo resumir que mi mamá es un poco castrante y mi papá fue un padre ausente y poco amoroso. Se escuchó feo y fuerte, pero esas serían las palabras con las que los definiría, claro, con mil cosas buenas también, pero creo que sí les faltó como papás.

En ocasiones he consultado con psicólogos, algo que jamás me inculcaron. Al contrario, me decían que son unos charlatanes que no saben nada y solo te sacan tu dinero. Me parece que es un error; sí ayudan y bastante. Me han hecho también lectura de ángeles, alineación de energías, de chakras, etc., y el común denominador de esas sesiones y del porqué de mi comportamiento o mis situaciones de vida es el abandono. ¿Abandono, yo? ¿Pero si tuve a mi papá y a mi mamá siempre? Hasta la fecha los tengo, gracias a la vida. Pero sí, abandono. Me refiero a carencia de amor, de apoyo, etc. Todo eso sale a relucir en las terapias.

Mi comportamiento ante las parejas que he tenido me ha llevado a romper o a no quedarme por el mismo motivo. Ahora sí aplica lo de «No eres tú. Soy yo». Insisto, qué responsabilidad tan grande es tener descendencia. ¡Lo que hice o dejé de hacer les va a afectar para toda la vida! Si me hubieran dicho eso antes de hacer lo propio para crear vida, de seguro solo hubiera gozado del proceso sin llegar al fin, es decir, ¡hacer el amor sin procrear!

Mi vida fuera de casa empezó a los 17 años, y así, con mis fantasmas, mis carencias, mis principios, mis locuras y todo lo que cada uno cargamos, salí a la vida, y cometí muchos errores, por supuesto, los mismos que me han hecho quien soy, así que hasta ahí no lo reprocho. Hubo consecuencias fuertes, pero, a final de cuentas, creo que uno puede lograrlo si se dirige bien, sin hacerle daño a nadie, actuando desde el amor y desde nuestro consciente, que nos premia, nos perdona, nos apoya, tanto que seguimos adelante, y nos reta para vencer a esos famosos fantasmas. Al crecer no hay cómo echarle la culpa a nadie. Ya somos adultos. Así que supéralo, agárrate de lo que puedas y ¡arre!

Bueno, les estaba platicando de mi historia, de cómo me fue enseñando la vida sus mieles, sus variantes, mucho de lo que ofrece, y yo podía tenerlo, estaba a mi alcance. Salí de mi zona de confort y me gustó. Bendita elección.

Así que entré a trabajar en el famoso restaurante de la ciudad. Debo agradecer a mi esposo en ese entonces que me permitió trabajar, porque sabemos que aún existe —y más en el norte del país— el famoso machismo. No a todas las mujeres las dejan desarrollarse en el área laboral ya casadas, pues es un mundo dirigido por hombres, y eso representa un peligro para ellos.

Yo no sé si esa decisión que él tomó de permitirme conocer un mundo nuevo para mí marcó nuestro futuro, o yo ya andaba buscando opciones. Mi mundo completo era él, mis hijos, mi casa y mis *hobbies*, pero creo que ese ya lo tenía «dominado» y necesitaba un reto. Siempre me han gustado, los necesito, si no, me empiezo a aburrir y a cuestionarme el cómo y el para qué de la vida. No se vaya a malinterpretar, como que me dieran ganas de matarme, ni mucho menos. Solo que tengo que tener un plan a corto plazo, un objetivo que lograr pronto, algo que complemente lo que ya estoy haciendo en mi día a día. Sin embargo, sí creo que el universo y la vida van acomodando las cosas para que vivamos lo que nos tiene destinado o preparado, o nada más nos ayuda para que nuestros deseos se cumplan.

De este modo avanzó mi historia. Varios factores me hicieron voltear a otro lado y ver una libertad que no había conocido, la libertad que te da el no tener que pedirle a nadie nada, la libertad que te da el convertirte en una persona popular, buscada, admirada por los hombres —esto, en realidad, cubría una carencia interna—; en fin, lo que es sentirte importante, valiosa y deseada. Debo confesar algo, de lo cual me percaté después de muchos años: es muy cierto que al casarme tan chica me faltaron muchas cosas por vivir.

Yo estaba feliz con la vida que llevaba de ama de casa, de mamá, que pienso que no lo hice mal —a ver qué opinan ellos, mis hijos—, pero cuando empecé a relacionarme con otro tipo de mentes, otros pensamientos, otras creencias, otras actitudes, otras feromonas, fue cuando me di cuenta de la variedad que existía y que lo que conocía no era lo único ni lo mejor. Se oye mal, pero reconozco que fue de esa forma. Mi seguridad y mi vanidad empezaron a crecer.

Nunca sabemos a ciencia cierta cómo te ve la gente, qué impresión das, qué juicio se hacen de ti, porque todos hacemos juicios y nos basamos en esas opiniones, pero también entran otros factores como quiénes son tus papás, cómo vivieron, su posición económica, etc. Comento esto porque tuve una muy buena experiencia y fue un momento que me hizo sentir orgullosa de cómo me había comportado durante estos treinta años vividos. O tal vez había escondido bien lo que no había hecho de modo tan correcto.

En una ocasión —creo tenía como unos dos años ya trabajando ahí en el restaurante—, llegó el capitán y me dijo que me esperaban en la sala de juntas. Cuando subí, vi a un señor sentado, muy bien vestido de traje, con una pluma Mont Blanc en la mano y unos papeles en la mesa. Se presentó como el licenciado X y enseguida me extendió los papeles.

—Le traigo su finiquito, así de buenas a primeras, ¡sin antes un aviso, una preparación, nada!

Yo sentí como que me habían arrojado un balde de agua fría por todo el cuerpo. Nunca me hubiera esperado eso, menos así, sin un precedente, sin una advertencia. Me quedé muda por unos segundos y enseguida le dije que si me permitía hacer una llamada, por favor.

En ese momento le marqué a mi mentor, a la persona que me puso ahí, el licenciado Ferreiro, a quien hasta la fecha le estoy supera gradecida. Le mencioné lo que estaba pasando, que estaba el licenciado X, el cual me dijo que lo conocía perfecto y me dijo que no sabía de dónde venía esa orden, que él no tenía conocimiento y que por favor no firmara nada hasta averiguar qué estaba pasando. Seguí sus instrucciones y le dije al licenciado que no firmaría. Él, en vez de insistir, recuerdo muy bien que le cambió el semblante. Había llegado muy decidido a correr a la persona que le indicaron, sin tener idea de quién era, pero entendió lo que ocurría:

—Se ve que usted es una buena persona y que no se merecía esto. Por favor, discúlpeme y salúdeme al licenciado de mi parte.

Me dio la mano y se fue, de verdad se fue como un perrito regañado que esconde la cola entre las patas, yo me quede un rato sentada, temblando, tratando de digerir lo que había sucedido, de pensar que seguía para mí. Era un momento muy desagradable. ¿Cómo me iban a correr a mí, a mí que me puse la camiseta desde el primer día, a mí que estaba dejando la vida en el trabajo, a mí que estaba entregada al cien por ciento? Me fui a mi casa, y en el camino recibí la llamada del otro licenciado, el contador Moreno, el que me había dado mi contrato hacía un par de años.

Bastó que me dijera que yo no me merecía eso para que empezara a llorar. Recuerdo a la perfección sus palabras:

—Nada se merece sus lágrimas...

Entonces me platicó sobre cómo llegaron a mí cuando andaban buscando a la persona ideal para el puesto. Me comentó que me investigaron y que estaban muy contentos conmigo, pues era una señora en toda la extensión de la palabra. Después supimos de dónde vino esa orden de correrme. Como siempre

—o como muchas veces—, fue motivado por la envidia, la envidia de una mujer que tenía poder en el departamento de Recursos Humanos de la empresa.

Ella, desde que me conoció (porque cabe mencionar que las oficinas del corporativo estaban en Ciudad Juárez, así que yo no tenía mucho contacto con ellos), en una ocasión que vino a Chihuahua y me analizó de pies a cabeza, creo no le agradé. Luego vio que me desenvolvía muy bien en mi trabajo, que me codeaba con la crema y nata que eran los clientes frecuentes, así que buscó la manera de sacarme de su radar. Tomó esa iniciativa sin antes consultar al dueño ni a los demás.

Este evento en mi vida fue el primer golpe que me hizo sentir vulnerable, debilitada, decepcionada y todo lo demás. También aprendí que no importa si lo entregas todo, si dejas la vida por el trabajo o por alguien. Si dejas de servirles, te dicen adiós con facilidad. En el mundo laboral no hay espacio para los sentimentalismos. Por desgracia y hasta la fecha me he dado varios trancazos, porque yo sí involucro los sentimientos. Ya sé, estoy mal. Sigo en terapias para poder separar el corazón de la mente.

Esa fue mi bienvenida al mundo laboral.

Aparte de las experiencias fuertes, mi trabajo también me dio demasiadas satisfacciones. La vida me puso en el lugar correcto, un ambiente de fiesta constante, comidas, cenas, bodas, eventos, gente, risas, bebidas, etc. Creo que lo sabía desde que nací. Aquí empezó mi adicción por la adrenalina que te provoca el que todo esté organizado a la perfección, para que nada salga mal. Hacer eventos, que la gente dependa de ti, que te agradezcan cada detalle, el empeño que le pones, es algo que me encanta. Así soy yo, hago de cada evento algo mío. Por eso siempre me salen bien.

XIV

Yo no entendía que era eso de tener carencias. Ahora que volteo a mi pasado es cuando puedo entender de qué se trata. Al analizarlo llegué a la conclusión de que tenía la necesidad de sentirme atractiva, de que me dijeran que era bonita, de gustarles a los hombres, de levantar mi autoestima, pero apareció en mi vida la persona indicada, mi maestro elegido, un hombre que hasta la fecha reconozco que me ayudó a formar a la mujer que soy. Fue la persona que cubrió las carencias de mi pasado, y la persona que sigue en mi presente.

Es muy importante que tus padres te alienten, te hagan sentir valiosa, te abracen, crean en ti, porque si esos seres, que te dieron la vida, que se supone que son los que te van a amar siempre, no lo hacen, no te forman, no creen en ti, pues entonces en nuestra mente nos va a quedar claro que nadie lo hará jamás y que no somos valiosos.

Así empecé una relación con un hombre llamado José. Aún estaba casada, pero solo en papel, porque la relación ya estaba muy deteriorada. Esta nueva relación era algo diferente, con una persona mayor que yo, con una perspectiva de la vida muy distinta a la mía, a la del mundo donde crecí y me desenvolví. Su conversación, para mí, eran como palabras de oro que salían de su boca. Él era mi maestro, mi *sensei*, así que comencé a admirarlo de tal manera que necesitaba alimentarme de él todos los días.

Así fue como me involucré. Debido a mi situación y la suya, no parecía lo correcto, pero ahorita, en esta retrospectiva que estoy haciendo, me doy cuenta de que era lo indicado para mi evolución personal. Estoy segura de que hice daño, y mucho, y lo sigo padeciendo, pero la vida misma deja daños con el paso del tiempo para llegar a su cometido. Se va a escuchar como una justificación —y puede que sí lo sea—, pero aun con daños y actos que no estaban dentro de lo correcto, no me arrepiento. Al contrario, estoy contenta con lo que soy hoy por hoy, y cabe mencionar que, hasta la fecha, después de tantos años, es el que me da los buenos días y está pendiente de cada paso que doy. Claro, a la distancia y por teléfono, porque él ya está en otra situación. Después de su separación, pasado el tiempo, se volvió a casar.

Él resolvió su vida. Para mí su actuar fue muy cobarde, lo suficiente para dejarme «morir» sola en la defensa de nuestro amor —un amor como pocos se dan—, pero para él tuvo más peso su familia y el qué dirán que yo. Así debía ser —lo de la familia—, sin embargo, nunca nos vamos a dejar, eso lo sé. O, bueno, él no me va a dejar a mí.

Sentí que él se convirtió en alguien muy importante en mi vida. Por fin tenía quien me festejara mis locuras, mis planes, mis proyectos, mis logros. Me alentaba a arriesgarme, a emprender, a no rajarme. Sobre todo, me protegía, por eso me enamoré, no sé si fue más de él o de quién era yo cuando estaba con él. Sacaba lo mejor de mí, me motivaba y aparte me enseñaba un mundo que yo moría por conocer. Viajamos a lugares nuevos, me llevó a otras ciudades donde éramos libres y vivíamos nuestro amor al tope. Con cada viaje, con cada consejo, con cada vivencia, me enamoraba más.

Considero que en esta vida hay que ir por lo que uno quiere; claro, sin pisar a nadie. Eso es una regla inquebrantable. Yo pensaba que en las relaciones amorosas, cuando hay infidelidades, se está pisando a alguien, y si bien eso es una traición, mientras no afecte mi entorno y él no se entere, no estaba pasando nada. Sin embargo, al estar actuando de una manera que no va con nuestros principios o que no está avalada por nuestra cultura, aunque nadie se dé cuenta, nosotros mismos no estamos cómodos. La conciencia nos traiciona.

Eso fue lo que me pasó a mí. Después de varios años de seguir en esa relación, la cual me ayudó a ser más echada para delante, a estar en mi estado óptimo, motivada, con apoyo, contenta, sintiendo que nadie me podía parar, que iba «con todas las canicas» —y a pesar de las consecuencias, y no hablo del divorcio, los pleitos y los chismes, que todo eso sucedió—, la verdadera consecuencias para mí fue que perdí la paz. No hay peor sentimiento en la vida que la intranquilidad. Hoy por hoy, si de algo estoy convencida y segura es que nada vale la pena en este mundo si te quita la paz. Por supuesto, terminé dejando de disfrutar esa relación. Estaba con mucho, pero todo a medias. Mi mundo se estaba saturando demasiado con tantas vertientes que tenía y que todas requerían de mí, de mi todo. Era imposible dividirme, por eso me saturé y terminó rebasándome.

En ese tiempo que me sentía agobiada por mantener tantas vidas paralelas, alguna tenía que descuidar, si no es que varias, y la más fácil, o que me importaba menos, era mi matrimonio. Comenzaron los pleitos, el alejamiento y el descuido. Él se fue a trabajar a otra ciudad. Yo cada vez era más exitosa. Así duramos tres años, en un matrimonio que cada día se alejaba más, pues si algo es cierto es que no puede haber relación si no hay convivencia.

Nos veíamos cada quince días en fin de semana. Cabe mencionar que él ya tenía otra mujer, algo que no supe hasta años después. Yo desarrollaba una realidad aparte desde mi situación, desde mi «soltería», y cuando él venía, ya no encajaba, ni él se sentía cómodo en mi mundo desconocido. Por ejemplo, cuando lo invitaba a mis actividades o compromisos, se sentía como si fuera un intruso, y lo era, pues ya no teníamos ni temas de conversación. Ya mis amigos eran gente nueva, involucrada en mi negocio de organización de eventos: decoradores, artistas, gente con la que él no tenía nada en común.

Después de varios años decidí pedirle el divorcio. Lo decidí un día que llegué de Cuernavaca de trabajar en un congreso que hicimos por allá mi socia y yo. Cuando él fue por mí al aeropuerto —venía sola porque mi socia Gaby se quedó a cerrar el evento y yo tenía que regresar a atender otro que teníamos en Delicias, Chihuahua. Al ver que no estaba ella, me reclamó: «¿Y Gaby dónde está? O pues, válgame, ¿quién sabe con quién andabas?». Ahí tome la decisión. Me dije: «Este cabrón me está estorbando».

No sé si merecía haber tomado una decisión tan drástica. Podría haber seguido así varios años, pero como yo —también— estaba en una relación, opté por «agarrar huevitos», como se dice. No soy de las que están cómodas con el conformismo. Lo que menos me da confort es estar en donde, a ojos de los demás, me «conviene» estar, sabiendo que las cosas no están bien. Cuando me preguntan por qué me divorcié, mi respuesta es: «Porque probé la libertad y me gustó». Me agradaba lo que estaba viviendo y descubriendo, entrar a lo desconocido, averiguar cómo sería el mundo de los divorciados. Me da risa cuando dicen que el divorcio es un fracaso de vida. ¡Esas son patrañas! Simplemente es una decisión inteligente para no seguir viviendo de un modo que no te hace feliz.

XV

Yo ya no quería seguir teniendo un marido. Total, el padre de mis hijos siempre iba a seguir siendo, así que no me remordió la conciencia por ellos. La verdad, no sé ni siquiera si pensé en ellos. Dicen que en la vida hay que ser un poco egoístas y creo que en esa circunstancia lo fui. Ellos no serían los primeros ni los últimos en vivir una separación de sus padres. No les pasaría nada, o eso me convenía pensar.

Siempre he sido una persona que va por lo que quiere, como he comentado, a pesar de mi inseguridad, porque sí, soy una persona muy insegura; sin embargo, he sabido lidiar con eso. No he permitido que nadie ni nada me domine ni paralice, ni que gane el miedo. Bueno, aquí miento un poco, sí me ha dominado y sí me ha paralizado, al grado de que me llevó directo al hospital. Mi cuerpo no lo pudo disimular como lo estaba haciendo mi ego. Estuve entre médicos, estudios y hospitales, los cuales concluyeron que no había nada grave, y yo lo sabía muy bien. Solo eran mis miedos paralizando mi cuerpo. Así de grande es. Mis emociones me han superado miles de veces y mi sistema límbico ha colapsado. Es algo que me ha dado para escribir varios capítulos de este libro, los cuales leerán más adelante.

XVI

Cuando entregamos demasiado de nosotros, muchas veces nos «anulamos» como personas. Anteponemos el bienestar de los demás al nuestro y eso, a la larga, nos afecta, no solo las emociones, sino también la salud física. Soy testigo de ello, y en varias ocasiones.

No sé si han escuchado hablar de la psiconeuroinmunología. No sé cómo describirla, pero es la clave de la conexión cuerpo-mente, una ciencia que nos explica cómo la mente y las emociones afectan la salud de nuestro cuerpo.

Nuestro físico funciona como un todo interconectado entre sí y con el medio que lo rodea. Cuando una parte enferma, es la manifestación de un desequilibrio general. No nos enferma solo la parte corporal, sino que se ve afectado todo el entorno. A mí me pasó y sigo viviendo las consecuencias.

XVII

Entre más alta la expectativa,
más dura es la caída

Por la cultura de donde vengo, y la educación cristiana que tuve, nos hacen sentir culpa todo el tiempo. Nos decían que Dios castiga si te portas mal, si no cumples sus instrucciones, etc., Por eso, estando yo en esta etapa tan padre para mí —sí, en esa de vivir varias a la vez—, que sentía que me comía el mundo, que lo tenía todo, que yo me lo había ganado, que me lo merecía, que tenía a una persona a mi lado que completaba mi mundo (o que me lo alborotaba), sentía que mi esposo había salido de mi nivel de prioridades.

Ese había sido el hombre al que había jurado amar para toda la vida, con el que me casé ante Dios y prometí que solo la muerte me separaría de él —*bullshit*—, ya que mi religión dijo que así tenía que ser. ¿Por qué? ¿Por qué te tienes que atar a un individuo para lo que te reste de vida, y desde los escasos veinte años, habiendo tantos millones de personas? Tú lo eliges solo porque te gusta, porque te enamoraste, porque era alguien especial en ese momento. Sin embargo, resulta que somos seres que con frecuencia estamos cambiando de sentir, de pensar.

A veces tenemos ganas de algo, sed o hambre, o queremos bailar, pero otras ni se nos antoja salir de la cama. Estamos en constantes cambios de ánimo, conociendo gente nueva. El mundo va avanzando y nosotros igual, entonces, ¿cómo se pretende que solo una persona, de los millones que existen, sea con la que tengas que estar para toda la vida, si tanto tú como él tienen cambios constantes, tantos que pueden llegar a ser unos perfectos desconocidos aun después de mucho tiempo de compartir? Como imaginarán, me he exaltado un poco...

Pero así es mi cultura y ahí me puso la vida. Empecé a sentir culpa, culpa por haber volteado a ver a otro hombre que no era al que elegí veinte años atrás, culpa porque tomaba vino, culpa porque la pasaba bien lejos de mi casa, culpa porque no estaba todo el tiempo atendiendo a mis hijos, «por mi culpa, por mi culpa, por mi gran culpa».

Y así, un día llegó el tan mencionado «castigo». En esa época, yo manejaba una camioneta de lujo. La ciudad se había vuelto bastante peligrosa, pero se me ocurrió ir en la tarde-noche a hacer unas cosas y luego encontrarme con él. Estuvimos platicando en un lugar, tomándonos una cervecita. Así eran los ratitos en que nos veíamos. Todo iba bien hasta que me acompañó a la camioneta para despedirse. Nos estábamos besando, yo arriba en el asiento del conductor y él parado a mi lado. Antes de cerrar la puerta para arrancar, llegó un tipo con pistola y exclamó:

—¡Bájate y no hagas pedo!

A él le puso la pistola en la cintura así que ni siquiera pudo reaccionar. Nos tomó por sorpresa. Yo no dimensioné la situación, sino que con la cabeza agachada me bajé, dejando mi bolsa y mi celular en el asiento del copiloto. El tipo se subió a la camioneta y se la llevó, así, con todas mis pertenencias.

En ese momento no me percataba de la situación pues la principal preocupación era que no supieran que él y yo estábamos juntos, en cómo íbamos a explicar esa «casualidad». Lo primero que hice fue meterme sola al restaurante a pedir un teléfono. Él se alejó y se fue en su coche, pero la conciencia no lo dejó tranquilo y regresó. Del único número del que me acordaba era el de mi hija —eran de tarjeta y yo le cargaba saldo en el Oxxo cada semana, por lo que me lo había memorizado—, la llamé y le dije que me habían robado la camioneta. Ella se encargó de llamar a los demás, incluyendo a su papá, que ya vivía en otra ciudad. Se imaginarán que lo primero que me hizo sentir —aunque después yo también me recriminé— fue culpa. Me preguntó por qué le había entregado la camioneta así de fácil. ¿Fácil? ¿Es fácil reaccionar con alguien apuntándote con una pistola en la cara?

José estaba presente cuando llegaron mis hijos y mis papás. Mi mamá le daba gracias a Dios de que no me habían tocado ni nada, de que estaba ilesa, pero fue demasiada casualidad que él estuviera pasando por ahí y hubiera visto cuando me asaltaron. Era muy raro que el tío Pepe estuviera también para salvarme.

Ahorita recuerdo que Javier dijo que yo fui una cínica en ese momento. Y creo que tuvo razón, porque yo solo quería ocultar aquella relación. El robo de la camioneta estaba en segundo término y lo que sentía era culpa por estar ocultando un secreto.

Qué bueno que les entregué así de fácil la camioneta, una camioneta de lujo preciosa, de esas que dicen que les gustan a los narcos, para llevárselas a la sierra por tener tracción cuatro por cuatro. Como digo, una camioneta de lujo.

La policía no hizo nada. Venían patrullas y más patrullas y lo único que hacían era preguntarme mis datos y que les narrara cómo había sido todo. Creo que lo repetí como cinco veces. Claro, ellos estaban dando tiempo para que ese cabrón se escapara. No me cabe la menor duda de que eran cómplices.

Si me hubiera resistido al asalto, como lo sugirió mi esposo, de seguro no estaría aquí escribiendo este libro ni tendría tantas otras anécdotas para contar. A pesar de ello, seguí con ese sentimiento de culpa por varios meses más. Pensaba que ese había sido mi castigo. Estaba convencida, por haberlo escuchado desde chiquita, de que «Dios castiga», y pensaba que lo estaba viviendo en carne propia.

Lo raro de todas esas «puñetas mentales» que nos hacemos es la cuestión de por qué a mí sí me castiga y a otros miles que conozco no. Amigos míos hacen lo mismo, o inclusive cosas peores, y no les pasa nada. Siguen disfrutando del «inframundo». Ahí es cuando entra la teoría de que todo se aplica a ti nada más. Más tarde dedicaré unas páginas a filosofar de estos temas.

XVIII

*No hay premios ni castigos, solo
consecuencias*

Siempre he sido una persona divertida, o por lo menos que le gusta divertirse. Disfruto las fiestas, así como cantar y bailar. La gente cree que soy un poco intensa. Debo confesar que soy una artista frustrada, así que cuando me proponía enfiestarme era de a de veras. Nunca cometí excesos, jamás probé drogas ni nada de eso, pero sí tenía mis momentos en que abusaba un poco del alcohol. Nunca me falto cuórum, pues la gente sabía que para eso estaba disponible casi siempre.

En general la pasaba —y la sigo pasando— bien. Lo hacía a pesar de estar casada —me divertía con mi esposo y sin él—, y como no me limitaba en nada, él me dejaba ser. Sobre esto tengo sentimientos encontrados, porque pienso que o no le importaba lo suficiente o no me quería, o de plano se rindió ante mi afán por tener la razón. Como me decía mi mamá: «Gánale al PRI»… Después me enteré de que él siempre tuvo amantes —y es para preguntarse por qué a él no le llegaba su castigo— y era por eso que ni me celaba ni me ponía límites. Mientras menos exigiera él, menos le exigirían.

Siempre nos estamos cuestionando: si lo tenemos, está mal, y, si no lo tenemos, también. Con el tiempo entendí que el matrimonio debe ser así. Somos seres individuales que eligen a una persona para compartir la vida, pero no por eso uno de los dos tiene que renunciar a la suya para estar con alguien. Él entendía mi personalidad y era muy inteligente. Sabía que enfrentarme le iba a causar dolores de cabeza, porque, eso sí, soy bastante necia, así que él de seguro prefería ser feliz que tener la razón. Tener vidas paralelas de seguro era su escape, su complemento. Una vez más confirmo que la infidelidad está a la orden del día en las relaciones. Para mí no hay hombre fiel y las mujeres cada vez somos más audaces, aunque sea un tema polémico.

Recuerdo una ocasión que no se nos olvida ni a mis amigas ni a mí, ya que fui de las primeras del grupo en casarme. El comportamiento de ellas era el de jóvenes solteras, y yo también quería seguir actuando como ellas. En una ocasión pasaron por mí porque había una fiesta y yo no me la quería perder, así que le dejé el niño a mi marido y me fui de parranda. Nos ganaron las horas y las copas y, cuando menos pensamos, nos dieron las cinco de la mañana. Mis amigas estaban preocupadas por mí y por la regañada que me iban a dar al llegar a casa, así que nos fuimos. Ellas me dejaron en la esquina y me bajaron con la bendición. Yo sabía que todo lo tenía controlado, pues mi técnica nunca fallaba: me le metía en la cama cual gata en celo y no tenía tiempo de reclamar nada. De hecho, en los años siguientes me preguntaba seguido cuándo iba a volver a salir con mis amigas, ja, ja.

Ese fue de los mejores consejos que les pude dar a las próximas casaderas. Para que las dejaran salir solas con amigas e irse de parranda, llegaran a darles un «buen servicio» a sus esposos y listo. En definitiva, es nuestra mejor arma. El hombre es tan predecible y tan fácil de satisfacer que ese método nunca falla. ¡Con ninguno!

XIX

Mi vida siempre fue una constante pregunta entre lo que tenía y lo que quería. Mi mente no se calla ni un segundo y siempre está imaginando mis momentos y mis mundos ideales.

Cuando salí a conocer otras formas de vivir, distintas a la mía, ese mundo real donde la gente sale a ganarse el pan, tiene otra visión y otro valor de las cosas, personas que siempre están dispuestas y disponibles, sin quejas, con sonrisas en los labios y esperanzas en los ojos, aprendí tanto de ellas que ya jamás volví a ver la vida del mismo modo. Yo quería tener esa pasión, quería estar así de ocupada —y a lo mejor también preocupada— en lo que me traería ese día, y el siguiente, y el posterior. Hasta la fecha, los admiro porque sus pláticas son reales, están ocupados en ellos mismos y no ocupándose en ver las vidas de los demás. Ahí supe que yo quería más y que tenía más para dar.

Ahora, a estas alturas, me percato de que soy adicta al estrés, a traer el estómago hecho un nudo, a darle vuelta y vuelta a la cabeza al grado de no poder dormir, de no acallar la mente ni un segundo, a esa ansiedad que hasta me hace ir al baño al no poder controlarla. Y digo que soy adicta porque he tenido la oportunidad de elegir otros caminos en donde tendría más paz, más quietud, sin problemas de ninguna especie, o por lo menos no económicos, ni de incertidumbre, de quedarme con alguien que me resuelva, o por lo menos que me ayude a llevarlo mejor. Pero no, no me gusta el precio que se paga por ello: el atarme a alguien. Así que me busco lo que me provoque estrés, lo que me haga sentir adrenalina, los retos, el cambiar de rumbo, moverme. ¡Algo como tan güey!

A la vez que sentía ese deseo y esa necesidad de sentir adrenalina, de hacer cosas, de crear, de comerme el mundo, mis errores y mi falta de enfoque me hizo una persona un poco gris, o más bien fue mi inseguridad, al preocuparme siempre por el qué dirán los demás. Yo misma opacaba mis propias virtudes o talentos. Me boicoteaba de una manera impresionante.

Con este análisis de comportamiento se viene a mi mente el recuerdo de una etapa en la que duré bastante, pero donde pude haber destacado más. Experimenté la disciplina del *ballet* clásico. En ese entonces me encantaba bailar, amaba las prácticas de horas y horas de esfuerzo, de sudor, de verme en el espejo haciendo esos movimientos tan increíbles que el cuerpo humano es capaz de lograr, la elegancia de los vestuarios, mi anatomía perfecta para crear esos pasos tan femeninos; pero nunca me esforcé lo suficiente. Nunca me la creí, así que cuando iban a repartir los papeles para la siguiente obra, ni siquiera aspiraba al rol principal.

Tenía el talento; sin embargo, me faltaba actitud. Sentía que no me los merecía, que otras eran mejores que yo. Tal vez sí, pues había alumnas muy destacadas, pero estoy segura de que yo podría haber logrado más si hubiera sido más perfeccionista, más luchona, más aguerrida, más segura. De esta manera, me fui poniendo ese velo que impedía que los demás vieran a través de él y descubrieran o consideraran que yo era la ideal para los papeles principales.

Recuerdo que en una ocasión vino gente de otra ciudad a montar una obra importante que saldría de gira por varias ciudades. Todas tuvimos la oportunidad, incluso yo, de tener un papel importante. Varias veces me pidieron hacer la coreografía del solo (así se le dice al momento en que la protagonista baila). Le agradaba a la coreógrafa, pero cuál fue mi sorpresa al escuchar a mi directora decirle que a mí no me diera ese papel, que yo no era suficiente. Me sentí tan mal que si tenía poca seguridad, pues me la terminó de joder. Claro, yo misma había creado esa imagen e impedí que vieran mi talento.

No me dieron el papel principal, pero sí fui la protagonista de una sesión de fotos que tomaron para un calendario anual que usarían de promoción para las academias de baile. Eso me levantó un poco el ánimo, aunque sea mi físico sí destacaba en algo, ahí confirme que yo tenía más físico que talento, por lo menos para esa disciplina. ¡Muy mal!

Estaría mal decir que todo fue —o mucho fue— por culpa de mis padres. La verdad es que sí lo creo. Me parece que mucho de los hijos se debe a la manera de ser de los padres: de impulsarlos, o no; de darles seguridad, o no; de alentarlos; de elevar su autoestima, etc. Mis papás, a pesar de ser buenos seres humanos, sí creo que les faltó mucho como padres. Solo somos dos hijos, mi hermano, mayor por tres años, y yo, pero siempre estuvo muy marcada la preferencia en cuanto a dar más a uno que a otro.

No los culpo, pues eso viene de los antepasados, del machismo, que en el norte del país se da más. Era una creencia y una costumbre que el hombre se mereciera más que la mujer, que al hombre sí había que apoyarlo, pues la mujer estaba destinada a casarse y a meterse en la cocina a hacer tortillas de harina. ¡Qué pensamiento tan misógino y erróneo! Por eso, se consideraba que las mujeres que se revelaron en las épocas pasadas cometían una herejía. Bueno, no me voy a meter en de dónde viene el machismo ni tampoco haré de este escrito un movimiento feminista. Y no soy para nada radical, pero sí viví en carne propia un poco de lo que los antepasados dejaron plasmado en mis padres.

Cuando les platico a mis hijos situaciones de mi pasado, o incluso del presente, donde está marcada la ideología de mis papás al respecto, me dicen que supere mis traumas. Sí, en definitiva, uno tiene que superar, cortar y mejorar para llegar a hacer lo que nos haga felices. Cada quien tendrá sus métodos: algunos escapamos, otros pelean, otros lo expresan, otros callamos. No sé, cada quien actúa como puede o como sabe. Lo que sí es cierto es que tenemos que hacer lo propio para dejarlo en el pasado y que no afecte nuestro presente. No quedarnos ahí, reprochándole a la vida en dónde eligió ponernos, ni tampoco pasar reclamándoles a los papás la manera de actuar, de enseñar y de educar. Así lo hicieron, y si saliste bien, qué bueno, y, si no, pues también, qué bueno.

No hay manual para padres.

XX

Una vez fui con una chava que estudiaba y trabajaba con la energía del ser humano, porque sí algo es cierto es que somos energía. Muchos dirán que son voluntades de Dios, otros del ser supremo que consideren, pero yo estoy convencida de la teoría de la energía. Cómo no estarlo si he tenido tantos episodios en mi vida en donde lo he comprobado. Esa chava que consulté una vez me dijo que yo no me permitía que me sucedieran cosas malas en mi vida, que nada podía estar nada mal, y de ser así, lo ocultaba, lo llevaba a mi estómago, mientras por fuera mantenía mi mundo color de rosa. Creaba una realidad ficticia fuera de mi centro.

El término «centro», en referencia a un centro espiritual o energético, siempre ha captado mi atención. Podría decirse que guía en cierta medida mi comportamiento, ya que siempre he temido perderlo. Este miedo me ha frenado de hacer ciertas locuras que muchos hacen, como probar drogas, pastillas para dormir, entre otras cosas, incluso beber demasiado alcohol. Aunque bebo, y creo que bastante, me sorprendo cuando mis amigos comentan que soy de las que menos lo hace. La verdad es que, comparado con cómo veo que se ponen los demás, mi ingesta es insignificante. Lo que no entiendo es cómo hay gente que bebe tanto que se pierde. En el ambiente en el que me muevo es muy común ver ese tipo de comportamientos. Siempre he tenido un sutil respeto por lo que de cierta manera te quita la voluntad.

Fue una época intensa en mi vida, llena de acontecimientos. Había una revolución en mi cabeza. Quería comerme el mundo, pero el mío se estaba deshaciendo, o yo lo estaba derrumbando porque quería conocer otro. Siempre ha sido un enigma saber si nuestro destino está marcado o si lo forjamos con cada decisión y acción que tomamos.

Así fue como terminé varias veces en el hospital, con síntomas extraños, sometiéndome a pruebas intensivas, recibiendo diagnósticos fatídicos. Todo comenzó poco después del asalto a mi camioneta. Eso desencadenó una gran presión en mí. Por un lado, estaba la culpa que sentía por seguir mintiendo debido a mi relación clandestina. Por otro lado, estaba la presión de no tener un coche para moverme y el reclamo del valor de la camioneta perdida, cuyo seguro no estaba en regla. No tenía cómo ir al trabajo, llevar a mis hijos a la escuela y, para colmo, mi amante me presionaba porque ya casi no lo veía. ¿Cómo iba a hacerlo si tenía tantos problemas que no podía resolver? Todo se me complicó. Además, la camioneta ni siquiera era mía, era de la compañía del padre de mi esposo, así que vinieron más presiones, acusaciones y culpas.

Después de un suceso vienen las consecuencias y lo que toca es seguir adelante y arreglarlo; facilitarte la vida lo más que puedas, sin quejas. Pero mi cuerpo no lo entendía de ese modo. Estaba en crisis y creo que no supe cómo reaccionar.

Una condición, o también se podría describir como un defecto muy particular que tengo, es que hablo de todo. Incluso al policía que pasa sin tener idea de quién soy le cuento todo. En una ocasión, me sirvió compartir mi experiencia del robo con un vecino mío. No tenía de dónde sacar dinero para comprarme un coche o algo así. Mi gente, enojada por el acontecimiento, no me daba facilidades para arreglar esto. Así que él, mi vecino, en su afán de ayudarme y a la vez de hacer negocio, me propuso asegurar mi camioneta robada, que ya no existía, pero solo para mí. Es decir, había que fingir el robo. ¡Dios mío!

¿Qué era eso? ¿Cómo iba a hacer yo algo ilegal? Pero mi necesidad era mucha. Por eso dicen que «la necesidad hace al ladrón». Ya necesitaba que mi vida se acomodara, así que acepté. Hicimos todos los trámites y planeamos el día del robo. Claro, no se lo podía contar a nadie. Lo bueno es que tenía a mi cómplice, que también fue en parte culpable de esto, así que me apoyaba sí o sí.

Unos días antes había visitado una cafetería muy mona en el centro. El lugar no estaba muy concurrido y estaba un poco oscuro, pero era un lugar frecuentado por gente que conocía, así que no era raro verme allí. José me llevó y me dejó en el local. Me bajé, tomé un café, controlé bien los nervios que sentía, pagué la cuenta y salí rumbo a mi camioneta, que ya no estaba. En ese momento, me metí en mi papel de actriz: empecé a temblar, puse cara de angustia, lloré y regresé a la cafetería. Pedí un teléfono, grité que mi camioneta no estaba, que me la habían robado. Llegó la policía, levanté la denuncia y siguieron varios trámites más. Así, me pagaron un seguro del que nadie sabía de su existencia, ni siquiera el dueño de esa camioneta, es decir, mi esposo.

Con ese dinero pude comprar otro coche, no lujoso, pero perfecto para moverme con más seguridad por las calles de esa ciudad tan peligrosa en aquella época. Mi vida empezaba a aligerarse de nuevo, al menos en cuanto a comodidades.

Pero mi mente me traicionó, explotó, no pudo seguir fingiendo que todo estaba bien, porque no era así.

Una mañana, al despertar, me di cuenta de que no podía controlar una mano porque me temblaba. Era algo involuntario, rarísimo. Había envejecido cinco años o más en una sola noche. Mis hijos, al verme, se tapaban los ojos y me decían que no podían verme así. No le di mucha importancia, a pesar de que era una sensación tremenda y una vergüenza que me tuvieran que ayudar hasta para comer, pues el temblor era insistente que no podía hacer las cosas por mí misma.

Lo peor estaba por venir. Dos días más tarde de empezar el temblor, al mirarme en el espejo descubrí que mi párpado derecho estaba casi cerrado; no había manera de abrirlo. Al ver ese horror en el espejo, me asusté tanto que desperté a todos en mi casa con un grito para que me llevaran al hospital. Verme así era lo peor que me podía pasar. Podía sentirme pésima por dentro, pero que se me notara físicamente, eso sí que era inaceptable.

Corrimos a urgencias, donde me hicieron estudios y el diagnóstico fue que tenía las vértebras lastimadas y, al parecer, por eso era la tembladera. El médico me puso collarín. Así salí del hospital, collarín, un párpado caído y una mano temblorosa. Me sentía años más vieja, aunque todo este problema iba más allá de aquel diagnóstico.

Durante esos sucesos, aún estaba trabajando en el restaurante. Cada jueves, iba un grupo de amigos que se autoproclamaban «mis fans». Todos eran muy queridos para mí y me encantaba recibirlos. Me subían la autoestima hasta el cielo cada vez que iban. Decían que una de las cosas más maravillosas de ir a La Casona era verme bajar por la escalera. Se referían a una espectacular escalera de cantera, original de aquel hermoso recinto. Como mi oficina estaba en la parte de arriba y el comedor del restaurante se encontraba en el área central, en el primer piso, siempre me veían bajar muy bien vestida y en mi papel de representante de un lugar tan exclusivo y elegante.

El día que llegué a mi trabajo con el collarín y la cara desfigurada, no todos veían la gravedad de mi situación. Cuando yo me miraba al espejo, me veía literalmente como un Cuasimodo. La gente solo notaba «algo», pero era obvio que no estaba nada bien. Con el tiempo, ellos me comentaron cómo me fui apagando, cómo cada vez brillaba menos y, por consiguiente, ya no me encontraban tan guapa. Aunque ya había empezado a ir con un doctor coreano que, a base de acupuntura y un rodillo que me pasaba por la frente y la ceja —que dolía un horror y costaba caro—, me ayudó bastante. No me importaba el precio. Con tal de volver a la normalidad, pagaría todo lo que tuviera. Gracias a él, no se me notaba tanto y no me veía tan mal, al menos no tan mal como me sentía por dentro.

Mi cuerpo me estaba gritando algo, pero ¿qué era? Estaba abusando de él, no lo escuchaba. Mi mente acaparaba toda mi atención. Así que poco a poco fui deteriorándome más y más. Una noche, antes de dormir, mi esposo y yo discutimos. Él venía cada quince días a pasar un fin de semana con nosotros, ya que trabajaba en otra ciudad desde hacía dos años. Tal vez hablamos de separarnos, no sé, fue una de esas discusiones que tienen las parejas. Ya estábamos muy mal. Me volteé para mi lado de la cama y me quedé dormida. A las pocas horas, me despertó una sensación en una pierna, lo más horrible que he experimentado. Yo lo llamé el «calambre» y luego tuve que familiarizarme con el término. Sentía que mi pierna derecha se contraía y me llegaba a la cabeza. Claro, todo era interno, porque la pierna seguía en su lugar. Me desperté gritando y me llevaron al hospital.

Lo que siguió fueron estudios y más estudios, neurólogos (cabe mencionar que los dos neurólogos que me atendieron en esa época ya fallecieron, uno de cáncer y otro de infarto), noches de hospital, medicamentos, diagnósticos no claros, otro neurólogo para que el seguro pudiera continuar cubriendo mis gastos, hasta que salí del hospital y me diagnosticaron con epilepsia.

¡Claro que no! ¡Yo no tenía eso ni nada parecido! Me rehusé a tomar los medicamentos que me indicaron y regresé a mi vida «normal», tratando de ignorar lo que me pasaba.

Les digo que terminé familiarizándome con el término «calambre» porque esa sensación me duró bastantes meses. Mi gente, amigos y familia también lo conocieron. Se los tuve que presentar porque me podía dar en cualquier momento y ellos tenían que ayudarme a hacer un *stop* para que pasara y pudiera seguir caminando, bailando o hablando, lo que estuviera haciendo. Incluso lo podía sufrir en mitad de una calle y necesitar ayuda para cruzarla. Era una incomodidad espantosa que me hizo vivir con un miedo constante de que llegara.

Regresé al trabajo. A pesar de todo lo que me estaba pasando, usando un collarín y sintiendo mucho miedo, tenía un compromiso que debía cumplir. Ya no creían en mis «excusas» de que estaba enferma. Me exigían estar y seguir con mi chamba. En los días siguientes, varias personas sugirieron que me habían hecho un «trabajito» y que debía ir con alguien que manejara ese tipo de cosas. Respeto a la gente que tiene esas creencias. Hasta la fecha puedo decir que estoy convencida de que existe ese mundo de la brujería y todo, pero trato de no abrir esas puertas. Por ello, preferí no darle mucha importancia. Una amiga muy querida quería llevarme con un sacerdote para ver qué «trabajito» tenía, y otra persona, la que me rentaba las pantallas para los eventos, que no era ni mi amigo ni nada, apenas un conocido, también me mandó con otra persona. Me dije: «Si Dios está conmigo, ¿quién contra mí?» e hice caso omiso de ese asunto.

Tiempo después, en esa misma época en la que seguía con mi pasajero, el calambre, me fui de viaje a San Cristóbal (Chiapas), un lugar mágico y maravilloso. Como turista, fui a conocer el pueblo de San Juan Chamula, donde está la iglesia de San Juan Bautista. Entre gallinas, velas, bebidas embriagantes, chamanes y curanderos, te sumerges en otro mundo. Se siente una energía insólita, rarísima. Aplicando el dicho tan cierto: «A donde fueres, haz lo que vieres», busqué a un chamán, un hombre que parecía tener unos cien años, junto a un niño, que traducía lo que yo le decía, pues el chamán solo hablaba su dialecto. Entre señas y palabras, le pedí que me curara. Él no accedió, le pregunté al niño por qué y no supo responderme.

Entré a la iglesia para conocerla y recorrerla, y el chamán iba caminando detrás de mí. No me había percatado hasta que mi amiga me lo comentó: «Viene caminando detrás de ti desde hace rato», pero ya era solo él; no venía el niño. Se paró delante de mí y me dijo: «Te curo, ¿quieres?». Le contesté que yo sí quería, que él era el que no quería. Agregó: «Compra vela blanca. Esquina. Dos».

Salí a la tienda de la esquina y compré mis dos velas blancas. Él me pidió cien pesos y comenzó a hacer su ritual. Me hincó con los brazos extendidos y una vela en cada mano. Pasó algo rarísimo porque yo iba con José, mi «amiguito», y el chamán, entre su dialecto y su poco español, me dijo algo que indicaba que él era mi novio y que me quería. No se equivocó, porque hasta la fecha tenemos una relación muy bonita y llena de amor. Terminó sus rezos y me dijo que fuera a poner las velas en una mesa que tenía unas cien más, y así lo hice.

En el fondo, tenía la esperanza de que en verdad me curara, de que se me quitara esa cosa incómoda que me daba a cada rato, el pinche calambre. Todo parecía que sí, ya no me volvió a dar. Seguimos el viaje muy bien. En mi mente siempre estaba esperando que me diera, no me lo podía quitar de la cabeza, pero no ocurrió. Sin embargo, cuál sería mi decepción cuando regresé del viaje a mi rutina de trabajo y de vida y, ¡oh, sorpresa!, el pasajero aún seguía en mí.

XXI

Muchos años después de esto que les conté, tuve una conversación con unas amigas que tenía tiempo de no ver. Me las encontré en la Ciudad de México, en uno de los restaurantes que manejaba, y me senté a conversar con ellas. ¡Tan lindas! Empezamos a tocar temas de energías, relaciones, creencias, y una de ellas me recordó que fue la que me cedió su cita con la chava que iba a la ciudad varias veces al año a consultar a gente y a nivelar la energía y todas esas cuestiones, esa que me explicó por qué me habían pasado todas aquellas cosas en mi cuerpo. Cuando la energía negativa se acumula, y no la sacas, de alguna manera ella encuentra la salida. Por eso tuvo que salir por mi mano, mi ojo y mi pierna; mi mano temblaba, mi párpado se cayó y sufría en mi pierna ese calambre que no le deseo a nadie. Se debía a todos los acontecimientos fuertes que me pasaron: el asalto, el divorcio, la vida paralela y un trabajo de mucha responsabilidad.

Dijo mi amiga que recordaba que en aquella ocasión que me cedió su cita, como ella es muy susceptible a todas esas cuestiones de energías y vibras, y había tenido varias experiencias donde pudo comprobar que así se mueve el mundo, ella veía en mí que algo no estaba bien. ¡Tan divina! Sin ser mi gran amiga, Daniela me cedió su cita, cuando para obtener otra debía esperar varios meses.

Esos son los ángeles que nos mandan para ayudarnos en diferentes ocasiones y situaciones de vida. La clave es estar atentos para recibirlos.

XXII

Estoy convencida de que hay seres que llegan a nuestra vida a enseñarnos algo. Como me dijo Martha, una amiga cercana y maravillosa, son esas personas que transmiten paz. Aunque pueda parecer que las utilizo como psicólogas y confidentes, son quienes me hablan y aconsejan no desde el juicio, sino desde la paz interna y los conocimientos que tienen del comportamiento humano. Gracias a su trabajo interno como individuos, desarrollan empatía hacia los demás. Ella me dijo que todos son nuestros maestros, al igual que nosotros somos maestros de otras personas. Esta idea me impactó tanto que cambió mi forma de ver a las personas que llegan a mi vida, a las que se van, o a las que dejan algo en mí, ya sea positivo o negativo. Incluso he podido cerrar círculos con las personas que se alejan sin ninguna explicación, agradeciéndoles por haberme enseñado.

Hace algunos años, decidí dejar mi ciudad y la casa donde crecieron mis hijos para irme a vivir sola a otra parte. Hablando de maestros que llegan a tu vida, ocurrió algo al año de estar muy feliz, viviendo lo que siempre quise, con mi trabajo perfecto, en la ciudad más hermosa del mundo para mí, en una de las mejores zonas, segura y hermosa, con gente agradable paseando a sus perros o con sus bebés en carriolas a todas horas. Mi trabajo estaba a unas cuadras de mi casa, hacía lo que amaba, caminaba por las calles cantando y silbando, observando los árboles, los edificios y la gente. Yo decía que era «mi París», aludiendo a la ciudad y al momento perfecto, tal como se ve en las películas románticas.

Entonces llegó a mi vida una persona, o un maestro, que me atrapó de tal manera que no tuve tiempo ni siquiera de pensar. Me envolvió en sus «garras». Era encantador, guapo, decidido, exitoso, con dinero. Tenía todo para enamorarme de una manera inusual para mí. Siempre me jactaba de llevar el control de las relaciones, aunque cedía mucho, pero tenía control de mí y de la situación en general. Con él, perdí, o más bien, me perdí. Me entregué de tal manera que, antes de darme cuenta, ya vivíamos juntos. Él organizaba mi agenda, estábamos juntos casi todo el día, íbamos al gimnasio y hacíamos todo en pareja. Su nombre era Alan.

Empecé a descuidar mi trabajo, pero él tenía todo muy bien planeado. Comenzó a hacer planes a futuro próximo. Por fin, alguien creía en mí como algo más que una empleada. Él iba a cumplir mi sueño de ponerme mi propio restaurante, de convertirme en su socia. ¿Cómo no amarlo? Me estaba dando todo: protección, compañía, me estaba mostrando la jungla en la que había llegado a vivir. ¡Él se fijó en mí! No estaba segura de merecer tanto. Incluso les decía a mis amigas: «Por favor, pellízquenme, a ver si no estoy soñando». La verdad es que disfruté mucho, disfruté de él y del mundo que estaba creando para mí.

Nos mudamos juntos a un departamento que yo elegí. Él me dijo: «Ve y renta lo que a ti te guste». Comenzamos a trabajar con arquitectos para remodelar un local que él ya tenía ahí, un restaurante como de bajo nivel, como una fonda medio bien puesta, y ahí poner nuestro restaurante. Busqué un socio entre todos mis conocidos. Él me decía que necesitábamos quien le inyectara dinero al proyecto, así que dimos con él, un conocido suyo con el que ya había trabajado años atrás, una persona con demasiado dinero.

Yo iba a empezar desde cero, desde buscar la cocina perfecta, mesas, sillas, lámparas, todo lo que implica poner un restaurante *fine dining*, porque eso iba a ser, un restaurante bien puesto.

De lo que no me daba cuenta, algo que la gente a mi alrededor, mis amigos, percibían de inmediato, era que él me estaba utilizando de cierta manera. Yo iba a cumplir su sueño de subir de nivel sus negocios. No fue que se enamoró de mí a primera vista. Se la pasaba bien conmigo, no lo dudo, e hicimos un buen equipo. Pero él es una de esas personas que denominan «vampiros», que se alimentan de los demás. Eligen bien a sus presas y yo fui su mejor carnada. Él quería alimentarse de mí, utilizarme para su fin, y la opción era enamorarme. Y yo, más que exitosa en la vida, lo que sí tengo es que soy muy entregada, lo que me ha distinguido y abierto muchas puertas, lo que llaman «luz».

Creo que soy de las que da confianza y eso para él era indispensable. Él daba la impresión de todo lo contrario. Lo que irradio no es más que el reflejo de mi alma buena, y él lo sabía. Era lo que necesitaba para su plan.

Él no es un alma buena, o bueno, creo que su alma sí era buena, pero estaba muy oculta. Tiene un lado bastante oscuro que hasta la fecha no logro descifrar. Una persona que usa drogas hasta quedar sin voluntad no es una persona sana. Después de un tiempo, empecé a pagar precios caros en el día a día porque él era un narcisista (término que conocí después de lo vivido con él). Me encantaría platicar con lujo de detalle sobre todo esto. En realidad, fue menos de un año, pero parecía haber sido muchos más. Todo fue muy intenso.

Como no supe captar las señales que me daba mi propio cuerpo y mi mente, en definitiva, me cegó el enamoramiento. Yo no andaba bien. Él era una presencia muy fuerte para mí, tanto que hasta me ponía nerviosa manejar con él al lado. Cometí mil tonterías, desde chocar, manejar mal, meterme a calles que no eran, cometer errores al sumar y restar. Me sentía una niña tonta, que requería de ayuda e instrucciones de él para actuar. Yo, que siempre me sentí tan chingona, él se encargó de hacerme creer y parecer lo contrario.

Él llevaba un ritmo muy distinto al mío. Como era tan exitoso en cuestión de dinero, me quería convencer de que esa era la manera de lograr el éxito económico en aquella gran urbe. ¿Cuál era el precio que tenía que pagar para ello? Después de lo vivido, prefiero seguir en el anonimato monetario y en el éxito que conozco: una vida plena, feliz, en paz y agradecida.

De esta relación quedé bastante dañada, tanto así que tuve que recurrir a una señora que lee las cartas de los ángeles e ir a que me alinearan los chacras. Hice de todo para ver si me ayudaban a estar mejor, a que mi duelo pasara con el menor dolor posible. En todos los métodos a los que acudí, terminaba llorando, y es que él pasó por encima de mí mil veces.

Era una persona que disfrutaba de hacer daño emocional. Aun siendo yo su pareja oficial, él se paseaba con mil mujeres más, para que yo me diera cuenta. Yo pensaba que era lista, que me enteraba de todo, pero no, es que él quería que yo lo descubriera. Un día se dio un encerrón con una chavita en un hotel a pocas cuadras de nuestra casa donde él sabía que yo pasaba. Como sabía de mi inteligencia, o de mi afán por indagar y controlar, le encantaba dejarse descubrir y hasta referirme sus actos malévolos en la cara. Me mandaba fotos en donde se reflejaba con una mujer, invitaba a sus amantes a nuestros eventos. Cada vez era más descarado, no sé si con el fin de deshacerse de mí o si de verdad disfrutaba. Yo aguantaba mientras él seguía estirando la cuerda.

El colmo fue cuando festejé su cumpleaños en nuestro restaurante y él se presentó con una mujer de la vida galante, que yo ya conocía. Era una de esas mujeres de compañía de la zona por donde yo me manejaba antes de involucrarme con él. La presumió ante todos los invitados como su novia. Sabía que andaba con ella. De hecho, ya empezaba a llevarse cosas de nuestro depa, pues le estaba poniendo casa. Estaba haciendo «mudanza de hormiga» para que yo no dijera nada. La conoció por un amigo mío que a su vez yo le había presentado. Se la llevó una noche para que le hiciera compañía. Era una prostituta. Después mi amigo me pidió disculpas y dijo que se la envió porque Alan le dijo que solo era mi socio, no mi pareja.

Desde ese día yo solo quedé con el título de «su socia», cuando todos los asistentes sabían que éramos pareja. Esa fue la fiesta más sui géneris, como la definieron mis amigos, pero, para no entrar en detalles, la noche terminó con la «novia» de mi «socio» agarrándose a golpes con otra exnovia de él que él mismo había llevado. Sí, él la invito, hasta eso lo tenía planeado. Yo me comporté como si nada. Al día siguiente los amigos me llamaban para decirme que jugué mi papel muy bien. Claro, mantuve la apariencia, pues volvemos a mi condición de no permitir que en mi mundo pasen cosas que me pongan mal, por lo que mi especialidad es fingir, y lo hago bastante bien.

La noche estuvo llena de sorpresas que yo le había preparado: música en vivo, mariachi, pirotecnia, hasta una mujer hermosa en traje de cabaret que le entregó el pastel y le bailaba, cosa que hizo enfurecer a «su novia». Bueno, hasta yo le canté una canción que le dedicaba. Imagínense a la gente viendo todo eso, sabían que eso podía explotar. Tan loco estuvo que esta chava me quiso tirar una copa de vino tinto, pero una buena amiga mía, Katy, la pudo detener a tiempo. De verdad, no es que piense cada paso que doy; si se me nubla un poco la realidad. Cuando terminó el numerito, me estaba desmoronando por dentro. Estaba destrozada.

Al día siguiente nos fuimos un grupo de amigas bellas que tengo en mi vida, Mariana, Gloria, Irma y Mar a una cantina en la que tomé, canté y lloré como loca. Lo más hermoso es que ellas sentían mi dolor también.

Hoy en día, él y yo somos «amigos» y me ha pedido unas disculpas que percibo bastante sinceras. Quién sabe, esa gente de verdad no es de confiar. Reconoce haberme hecho daño y yo reconocí el haber aguantado tanto por estar enamorada de él. Me costó muy caro, pero creo me dio un crecimiento tremendo. Finalmente, después de un año de esa relación tan tormentosa y en donde me dediqué en cuerpo y alma a nuestro proyecto, el restaurante, me desgasté muchísimo. Sin embargo, también tuve momentos muy bellos con la gente que siempre estuvo ahí conmigo, apoyándome. Fueron cariños fuertes y sinceros gracias a los cuales pude salir antes de naufragar por completo.

Mi *sensei* de vida madura me decía siempre que no me creyera «más chingona que muy chingona». Esa frase me dejó marcada y me acuerdo cada vez que me empiezo a sentir más chingona que de costumbre. Perdón por la modestia, pero si a mí se me olvida recordarlo, la vida se ha encargado de bajarme las rayitas que necesito para no perder la estabilidad, rescatar mi esencia y mi equilibrio, virtudes que me han permitido ser resiliente en los acontecimientos fuertes en la vida.

XXIII

Cuando veía películas de chicas que vivían en un departamento, solas en una gran ciudad del mundo, soñaba con algún día vivir eso. Al igual que en su momento soñaba con tener un esposo, hijos y una casa bonita, logré hacerlo también. Justo como lo soñaba, así lo vivo hoy. Es por eso que me siento genial. No sé si ha sido mi esfuerzo, mi lucha por lo que quiero o si simplemente la vida me lo ha regalado sin aparente esfuerzo. De verdad, no lo sé. Lo que sí sé es que he cumplido muchos decretos que hice, tonterías como estar en el mundo de la farándula, conocer artistas, relacionarme con gente famosa, tener mi propia empresa, comprarme mi camioneta. Todo eso lo soñé en algún momento de mi vida, seguro hace más de treinta años, pero lo viví, lo he vivido y lo sigo viviendo.

Mucha gente me decía que mi ciudad me quedaba chiquita, que yo no era para vivir allí. Era curioso que distintas personas me dijeran lo mismo. La verdad es que también en mi mente tenía muchas expectativas de lo que quería para mí. No es que la ciudad fuera chiquita, sino que sentía que ya la había agotado. Mientras mi vida fue tranquila, con hijos, escuela, etc., estuvo bien. En cambio, después de mi divorcio, quise saber qué más había. Supongo que la gente notaba que tenía una revolución en mi cabeza, y tal vez se mostraba en mis conversaciones y actitudes. Quería saber qué más había allá afuera, conocer a más personas, experimentar diferentes comportamientos, explorar otros estilos de vida. Quería ir a una ciudad grande, donde ocurriera todo lo que veía en las noticias.

A pesar de la limitación del dinero para recorrer el mundo y conocer los estilos de vida que veía en la farándula y en las revistas de «socialité», las fiestas, el glamour, eso era lo que quería experimentar. Sabía que me iba a ir bien, y como dicen: «Para ser, primero hay que parecer», y creo que sí lo parecía. Hasta la fecha me dicen que parezco una artista y yo me siento soñada. Definitivamente, «la clase se mama». De eso puedo presumir, de tenerla.

Mi limitante más fuerte más bien era mi miedo. Quería andar sola por el mundo, pero el actuar en soledad me paralizaba. Fue algo que tuve que vencer y aún lucho contra ello. Cuando creo que lo estoy logrando, algo pasa que me vuelve a cero y entro de nuevo en el miedo.

Hoy es 10 de mayo de 2021, Día de las Madres aquí en México. Estoy sentada frente a mi computadora con una taza de café, «mi música de elevador», como dicen mis hijos, o «de mansión de millonario», como dice un amigo colombiano muy querido. Volteo a ver mi celular a cada segundo esperando mensajes y comentarios de las fotos que subí de mis hijos, presumiéndolos, por supuesto.

Si de algo estoy segura es de que, por lo mucho o poco que he hecho, mal o bien, lo que mejor me salió fueron ellos. Me gustan los piropos, me gusta que me reconozcan lo bonito, ¿a quién no? Es algo que me quita la soledad. Me alimenta sentir conexión con la gente. Dicen que en las redes todo es bonito, pero falso. Yo creo que nos gusta compartir las alegrías y los logros. Estoy convencida de que la mayoría de las personas somos buenas y aunque aquí han querido cambiar esa perspectiva, y varios sucesos que he tenido deberían convencerme de que la gente es egoísta, malvada, desleal, etc., yo prefiero seguir así, creyendo en la gente y mandándoles luz a todos, aunque haya tenido traiciones de uno que otro.

Pero ya me desvié del tema. Estoy aquí escribiendo, con las ventanas abiertas de par en par, la mañana hermosa y fresca de esta ciudad que amo con locura, en mi departamento decorado a mi gusto, con una vibra divina que invita a estar aquí todo el día. Huele rico, está limpio —bueno, de repente no tanto. A veces me gusta no ser Super Woman y estar en la imperfección. Total, no hay nadie más sino yo—, volteo a mi alrededor y no puedo sentir otra cosa más que una emoción que me llena el pecho. Me siento orgullosa de mí, de lo que tengo —aunque la mayoría son deudas en el banco—, de mis amistades, de mi trabajo, de la imagen que tiene la gente de mí. Es probable también que haya miles que no tengan tan bonita referencia de mí, pero eso no me ha reflejado nada grave en mi caminar.

Y no, no tengo una pareja sentimental, pero está bien. También la soledad se disfruta, y mucho. Tristemente, la gente cree que si no tienes pareja, no eres feliz; que se te va la vida en buscar a alguien y, por lo tanto, no disfrutas de todo lo demás. ¡Qué va! ¿Cómo no disfrutar de lo que vivo por elección? Cuando una está completa no necesita que alguien venga a llenar nada, pues no hay vacíos. ¡Gracias a Dios por eso!

Volviendo al hecho de que hoy es Día de las Madres —por cierto, mi madre es muy bella y aún está aquí con nosotros, lo cual agradezco muchísimo—, eso de la maternidad es todo un tema. Me preguntan por qué no vivo con mis hijos, por qué los dejé, si no los extraño, si me necesitan, etc. No dudo de que me necesiten, pero ellos saben que siempre estoy aquí para ellos. Ya todos son adultos y llevan bien sus vidas. Creo que la relación y el apoyo van más allá de lo físico, de lo presencial. Sus bases son fuertes, porque en su crecimiento siempre estuvimos su papá y yo con ellos. Seguimos estando, ayudándolos en todo, haciéndoles una vida bonita, libre, sin carencias, y menos de amor. Ahora los veo y creo que no lo hicimos mal. Son buenos seres humanos y se dirigen bien, sobre todo con respeto a los demás. Hay algo que siempre les enseñamos: no meterse nunca en problemas.

¿Será que me conviene decir que ellos están bien sin mí? ¿Será que fui demasiado egoísta por buscar mis sueños? Cuando recién me divorcié y a los meses empecé a salir con alguien, mi mamá me dijo: «Deja de andar de volada y dedícate a tus hijos». Fue algo que me causó entre enojo y duda. ¿Será que debía dejarme de lado para dedicarme a ellos? ¿O será que también yo contaba?

Muchas veces —o la mayoría de las veces—, dejamos de hacer cosas o hacemos cosas por el «tener que». ¿Qué saben los demás de lo que yo siento, de mis necesidades, de mis fantasmas, de mis sueños, de mis frustraciones? ¿Qué saben ellos de mí? ¿Quién dice que, porque ya fracasaste en un matrimonio que se supone era para toda la vida (¡qué estupidez!), ya no puedes volver a tener una pareja, vivir un romance? ¿Porque ya tuviste hijos te tienes que dedicar al cien por ciento a ellos, dejando enterrado lo que tú deseas hacer? Entonces, ¿para qué vivir? Porque vivir para los demás no creo que sea lo mejor. Los hijos van a crecer y se van.

Ahora sí, lo difícil es encontrar una vida para ti, una vida que abandonaste y que ahora no tiene rumbo. Por desgracia, hay muchas mujeres incompletas y, como se dice de manera cruel, pero cierta, amargadas. Son amargadas por eso, porque abandonaron sus vidas por los demás, por los hijos, los maridos, por cuidar a los papás, por muchas situaciones en las que no supieron poner un balance. No estoy juzgando, aclaro, pero no puedes solo cargar la balanza hacia los demás. Tienes que tener un equilibrio en la vida y también, ¿por qué no?, ser un poco —o muy— egoísta, aunque sin hacerle daño a nadie, menos a los tuyos.

Como decía la filósofa Ayn Rand, que defendía el egoísmo racional y el individualismo. En definitiva, los hijos son la misión más importante que tenemos cuando nos los mandan. Espero haber cumplido mi misión.

XXIV

Un muy mal comportamiento que tenemos los seres humanos es el juzgar por la apariencia. «Cómo te ven, te tratan», pero así es el mundo. Las clases sociales, el físico, el color de piel, todas esas cosas nos «determinan». Yo agradezco haber nacido en este núcleo familiar de una clase media, o media alta, tener un buen físico, aunque de chica era fea, como ya les he contado. Soy morena, y recuerdo haber oído de un amigo algo racista que estuve «a un grado de no pasar la prueba por mi color de piel». Casualmente, esos son los juicios que no me gusta hacer, ni tampoco caer en lo que tanto critico cuando los hace alguien más. Aquí doy la razón a la teoría de que los demás son nuestros espejos: lo que ves feo en ellos o lo que no te agrada es algo que traes reprimido tú.

Hace unos días me fui a la ciudad de Puebla a tomar un taller cuya publicidad una amiga, o más bien una conocida, me mandó por mensajito. Decidí ir porque yo seguía en mi proceso y en mi duelo por haber terminado una relación sentimental que me afectó mucho y sobre todo por las formas que el involucrado tuvo para hacerlo. Bueno, ese es otro tema, muy actual, por cierto, con la crisis que está viviendo el sexo masculino...

El caso es que con el afán de abrir mi entendimiento, mi mente y mi horizonte, mi visión, etc., acepté inscribirme en ese taller de crecimiento personal, a pesar de no ser muy fan porque no me gusta platicar de mis sentimientos con otras personas. En verdad resultaba un esfuerzo para mí, pero parte del proceso y del crecimiento es salir de tu zona de confort.

Entonces llamé a un buen amigo que vive allá, y que me invitaba a visitarlo a cada rato, y le pedí hospedaje. Me fui sola en mi camioneta muy temprano.

Disfruté de la carretera con mi música, mis pensamientos y no sé si con alguna expectativa de adónde iba a ir, qué gente iba a conocer, y de qué tipo. Al llegar empezaron mis juicios. Conste que no me enorgullezco de esto, pero como aquí estamos neteando, pues, es la verdad. No me identificaba con el lugar ni con la calidad de la gente. Mi amiga, que era la única a la que conocía, aún no llegaba. Eso me dio tiempo de observar a todas las que iban llegando y hacer mis juicios. ¡Qué defecto tan espantoso! De inmediato, detecté a la que me iba a caer mal, porque tenía el tipo de protagonista, a la que hablaba y hablaba, a la más humilde, a la que de seguro tenía problemas de rebeldía pues estaba toda tatuada y con el pelo pintado de azul, y de ese modo continué con mis pensamientos.

Unas me saludaban por amabilidad, otras ni me volteaban a ver. En resumen, no contaré todo lo vivido en el taller. Solo concluiré que al final me encantó, me dio otro panorama, otra perspectiva. Me hizo agradecer aún más mi vida. Lloré muchísimo, pues me di cuenta de que las mujeres somos muy fuertes, pero seguimos sometidas por el hombre. También reflexioné sobre que debemos reencontrarnos con nuestro pasado y detectar las lealtades, que hay que ser unidos como seres humanos, empáticos, no distinguir entre clases sociales, que el dinero vale madre para el alma, y tantas cosas más que aún aquí, escribiendo sobre ello, se me brotan las lágrimas de nuevo.

De lo que me estoy percatando ahorita es que les estoy contando mis juicios sobre estas mujeres a las que conocí. Eso es un reflejo de mi ser: la protagonista no me gusta porque a mí no me gusta que me roben ese protagonismo, aunque no sea la más simpática ni la más participativa, pero algo debe pasarme que necesito ser yo la que más llame la atención. Fíjense mi nivel de inseguridad. A la que juzgué como humilde, luego era a la que quería ir a abrazar, que me invitara a su casa a comer, porque de seguro cocinaba delicioso… No sé, creo necesitaba ver en ella ese amor de mamá, de hogar, de abuela. Es algo que extraño. A la rebelde que juzgué por sus tatuajes, debo decir que yo también estoy tatuada, entonces, ¿de qué hablas, querida? En fin, lo que nos molesta o nos brinca de los demás, es el reflejo de nosotros mismos.

XXV

Nunca juzgues al libro por su portada

Continuando con los juicios, egos y superioridades que creemos tener, voy a compartir una parte de mi vida en la que viví la situación más intensa hasta ahorita.

A punto de cumplir cincuenta años, he vivido varias experiencias, pero esta me marcó, tanto que la cicatriz física en mi cuerpo me lo recuerda con frecuencia.

Trabajé con un grupo de restaurantes durante algunos años y una de mis responsabilidades era apoyar en las inauguraciones de las nuevas sucursales en el país. En una de mis visitas a CDMX, antes Distrito Federal, para apoyar en una apertura, conocí a Luis. Él, muy bien relacionado con gente influyente, me apoyó mucho y se comportó como un caballero durante mi estancia en esa ciudad. Le pedí que me ayudara a invitar gente a uno de mis eventos y, siendo la buena persona que es, lo hizo. Pero no solo eso, convivimos durante varios días, me ayudó con todos mis asuntos, puso su chofer a mi disposición, me llevaba desayuno al departamento que había alquilado, porque sabía que estaba con resaca o cansada. En fin, un gran tipo, y surgió así algo más que una buena amistad.

Como venía a CDMX y ya tenía mi agenda llena con mucha gente de ahí, tenía que aprovechar a todos los guapos con los que tenía «mi velita prendida». Un día iba a salir con Kikin, a quien había conocido meses atrás en Cancún, o más bien en el aeropuerto de CDMX cuando iba a Cancún con otro amigo. Resulta que desde que me vio, se sintió atraído por mí y yo también por él. Nos echábamos ojitos y él me saludó. Al llegar a Cancún, me persiguió por los pasillos, me alcanzó y me dijo: «Te vengo persiguiendo». Me pidió mi teléfono y me invitó a salir, pero en ese momento llegó mi amigo por mí. Se presentaron e incluso le ofreció un raid. Mi amigo no sabía que minutos antes le había dado mi número de celular.

Para no alargar la historia, mi amigo tuvo que irse a Mérida al día siguiente y como Kikin me había escrito diciendo que era guapa y me invitó a salir a una inauguración, me devolvió a las 9 a. m., perdí mi vuelo y con toda la pena del mundo tuve que hablarle a mi amigo para que me comprara otro. El muy cabrón me compró el más barato, que salía de madrugada. Dormí en el aeropuerto y llegué a Chihuahua por la mañana. Claro, después vi que había cámaras por todo el edificio. De seguro vio mis llegadas y salidas, y por eso lo hizo.

Bueno, me desvié de lo que iba a decir. Ah, pero les cuento, también tenía que ver a Oliver, un hombre con el que salí y que ahora es mi gran amigo. Lo adoro. A él sí lo vi, pero como ya estaba entusiasmada con Luis, y Oliver había dormido en mi departamento porque la noche anterior habíamos tenido una de esas fiestas que me gustan, cuando Luis me llamó para decirme que estaba abajo y que me llevaba desayuno, saqué a Oliver por la puerta trasera, por las escaleras. Todavía se acuerda, me lo reclama y nos reímos.

Había quedado de verme con Diego, con quien también tengo una historia. Lo conocí en San Miguel hace muchísimo tiempo, cuando solía pasar allí un mes cada año con mis hijos, entonces chiquitos. Nos apuntábamos a clases de pintura y cursos de verano. Fueron algunas de las mejores épocas de mi vida. Y claro, mi marido tenía un mes para darle vuelo a la hilacha, se podrán imaginar. En una ocasión, una chica me dijo: «No deberías dejar tanto tiempo solo a tu marido». Yo me reí y le respondí: «¿Tú crees que voy a perderme de vivir lo que me gusta por andar cuidando hombres?». Y en una ocasión escuché a Javier decirle a su compadre Paco: «¿Sabes lo chingón que es que tu mujer se vaya un mes con los niños?». Pues sí, ya sabíamos por qué era tan feliz en esa época...

Ahora sí me desvié del tema otra vez, es que tengo tanto que contar...

En ese viaje con Luis, hice muchas cosas. Salíamos casi a diario, a comidas, cenas y fiestas. Me presentó a sus amigos, salimos de antro y a espectáculos. No importa lo que les diga, porque es poco. Me trataba como a una reina. Y como la apertura del restaurante que venía a inaugurar se había pospuesto porque no conectaban ni la luz ni el gas, tuve tiempo para divertirme en la ciudad. Vacaciones pagadas y yo hasta ligando con un wey. Así me ganó, porque les juro que no fue por su físico, era lo que menos tenía, pero su trato me enamoró, al grado de que nos besamos. ¡Pero hasta ahí, nomás!

Cuando estaba por regresar a mi ciudad, él me invitó a acompañarlo a un viaje al Valle de Guadalupe, donde iban invitados de él. Organizaba algunos eventos en esa región cada año y hacía comidas en los viñedos. Yo no conocía el lugar, así que me pareció maravilloso y acepté ir. Yo volaba un día después que él y sus invitados, y tenía que llegar a desempacar la maleta y hacer la nueva para ese viaje. Tenía que tomar dos vuelos, por la escala en CDMX. Acepto que soy un poco distraída, pero no es lo que me caracteriza. Sin embargo, en aquella ocasión no sé qué pasó que me confundí con las salas del aeropuerto y perdí el avión de conexión. Literalmente, me dejó en mis narices.

Llegué, pero ya no me dejaron subir. Tuve que pasar por la vergüenza de llamarle, porque era quien me había comprado el boleto, y decirle lo que había pasado. Qué pena. De todos modos, me moví con la aerolínea, fui a hablar con los gerentes y les pedí que, por favor, me dejaran subir al siguiente vuelo hacia Tijuana. Y sí, pude tomar el siguiente vuelo, que por cierto era un trasatlántico que volaba a China, así que me tocó bebida, comida y asientos más cómodos. Esa parte estaba muy bien, pero los que me iban a recibir allá tuvieron que modificar horarios y logística por mi culpa.

Llegué. Fui recibida por él y sus invitados, para quienes no fue una grata sorpresa, Luis solo les había dicho que venía una amiga suya, su pareja, que lo acompañaría en sus eventos. Como era una intrusa en su grupo, y debido a chismes y juicios, no tenían una buena imagen de mí. Al parecer, ellos eran de Chihuahua y, según comentaron después, su impresión de mí era errónea, ya que conocieron en realidad la persona que era yo.

Al día siguiente era el gran evento, una comida en un hermoso viñedo donde Napoleón iba a cantar. Este cantante mexicano, famoso, al que un día antes le habíamos festejado su cumpleaños número 70, había muchos invitados. Fue una tarde maravillosa, en la que la comida y el vino fueron los protagonistas. Yo era parte central de la historia, algo que me encanta y me emociona, pues iba acompañando al anfitrión. Así que me metí en mi papel de su pareja, mi estado ideal. De esa forma transcurrió toda la tarde, entre vino, amigos, baile, concierto, risas y presentaciones.

Ya en la madrugada, con unas copas de más, se me ocurrió, junto con varios amigos de él, de Baja California, de donde era originario, subirnos a un escenario a cantar y bailar. Siempre ha sido mi pasión la música, y mi vicio, el escenario y el protagonismo, lo confieso. Estando arriba de una plataforma que no medía más de cincuenta centímetros de alto, alcancé a ver que mi «pareja», Luis, estaba platicando muy de cerca con una chava. Ella ya había estado muy voladita con él durante todo el evento, así que decidí ir a cuidar mis intereses. Me dieron unos celos horribles. Él tenía que estar viéndome a mí cantar y bailar, y no entretenido con una chava que, además, lo había estado buscando toda la tarde.

Pero al parecer se me olvidó, o más bien el vino que traía en la sangre me hizo creer que todo lo podía. Eso me pasa con el vino tinto —lo admito—, siempre he dicho que me pone peligrosa, y no es un cliché, es del todo cierto. Me hace sentirme indestructible. Así que no recordé la altura del templete y quise dar el paso como si estuviera a nivel de piso. Me sentí de quince años, y entre el tacón que traía y el suelo disparejo de la terracería, se me dobló la rodilla y caí al suelo. Era el dolor más intenso que he sentido. Es más, lo estoy escribiendo y siento un escalofrío espantoso por toda mi espina dorsal. Literalmente, sigo con el trauma, y eso que andaba medio anestesiada con el vino y la adrenalina de la fiesta.

Así que ahí quedé tirada, sin poder levantarme, llena de tierra y solo viendo a la gente enfiestada a mi alrededor. Veía como si estuviera en una película. Quería aclarar mi cabeza, solucionar mi situación, levantarme. Esto no podía estar pasando. Fue una escena que duró hasta mucho tiempo después en mi cabeza, alterándome al punto de no poder dormir o tener que prender la tele o distraerme porque me alteraba demasiado. Aún la tengo muy presente, pero ya no me produce tanta ansiedad. Creo que ya sané un poco ese trauma después de cuatro años, o no, tal vez no. Nunca fui a una terapia psicológica, lo que me podría haber ayudado mucho. Sin embargo, sola, me obligué a sanar.

Estoy convencida de que siempre tenemos ángeles a nuestro alrededor cuidándonos. Ese día ahí estaba el mío. Justo su nombre era ese, Ángel, uno de los que iban en el grupo, que alcanzó a verme caer y fue a rescatarme cuando notó que no me levantaba. Ahí empezó un verdadero suplicio en mi vida, el cual derivó en dos operaciones de rodilla, traslado en avión privado, un mes inmovilizada, dependiendo de los demás y con meses de terapias dolorosísimas. Pero lo más impactante, o lo que más me marcó, fue el sentimiento de lástima por mí misma. Creo que es de lo peor que he experimentado: sentir lástima por mí.

Lo particular de este suceso fue que apenas estaba conociendo a Luis. Era la primera vez que compartíamos habitación, o más bien casa, porque nos quedamos en una cabaña. Estábamos su hermano, su novia, Ángel su amigo, él y yo. Yo estaba inútil, sin poder siquiera sostenerme en pie. Él tenía que llevarme incluso al baño. En aquel lugar no había ni un consultorio médico, mucho menos una clínica. Por eso, después de mi caída, corrimos a un dispensario médico donde supliqué que me dieran algo para el dolor. Me vendaron, mal, por cierto, y me dieron un paracetamol, que era lo mismo que nada.

Al día siguiente era un evento muy importante para todos los que iban y yo arruiné la diversión. Me tuvieron que trasladar a la ciudad de Ensenada, donde sí había hospitales. Ahí se tomó una decisión que puso en duda a todos los invitados de él, a los de Chihuahua. Les pedía llevarme en su avión privado, pero el número de pasajeros estaba completo y alguien más sobrepasaría el límite máximo de peso. Para colmo, los dueños eran justo los que no tenían buena opinión de mí al principio del viaje. Accedieron a llevarme, pero no podía llevar ni siquiera unos aretes para que no aumentara mi peso. Me favoreció el hecho de que estuviera bastante flaca, ya que ponía en peligro el vuelo. Ya se pueden imaginar cómo fue subirme: me tenían que arrastrar entre varios por el minipasillo del avión. Yo colocaba la pierna donde podía. ¡Fue una cosa espantosa! Aun así, tomaron el riesgo y se apiadaron de mí. Estaré por siempre agradecida con Pilar y Jaime.

Logré llegar a mi destino, muy adolorida, con la ayuda de varios que literalmente debieron arrastrarme, porque el cargarme me provocaba un dolor insoportable. Me llevaron a la camioneta en la que me esperaba mi hijo mayor, mi otro ángel de vida. Me llevó al hospital y ahí empezó lo que les comento de las operaciones, los cuidados y demás.

Después de la operación, duré un mes con la pierna totalmente inmovilizada. El doctor me asustó tanto diciéndome que hasta con un estornudo se me podría volver a zafar el cartílago, el cual tuvieron que pegar con tres tornillos. Fue una operación muy invasiva, me abrieron de una punta a otra de la rodilla y un poco más.

Luego, siguieron cuarenta días de terapia, que fue superdolorosa porque tenía que volver a doblar la pierna. Después del primer mes, se creó fibrosis en mi rodilla, lo que me impedía doblarla ni un centímetro. Poco a poco, el fisioterapeuta me iba doblando la pierna, despacio porque el dolor era insoportable. Me subían a la bici, pero no podía dar la vuelta al pedal, pues mi pierna no daba. Cuando finalmente lo logré, fue una emoción tremenda. Tengo mil videos del proceso; es cuando valoras los pequeños logros.

Un día le comenté a mi terapeuta que iba a viajar a CDMX a ver a mi galán, pero que no me podía subir al avión así, pues no cabía ya que mi pierna tenía que estar casi toda estirada. Él me dijo que si avanzábamos más en intentar doblarla. Yo acepté, pero despacio. Aguanté un poco más el dolor, pero en una de esas, él me entretuvo diciéndome algo y me la dobló a la fuerza. No tienen idea del grito que di, fue desgarrador, venía desde mi alma. Así lo describieron los que estaban ahí en sus terapias. Me desmayé del dolor, fue una cosa espantosa. Los siguientes días mi pierna era del tamaño de un elefante. Odié a mi terapeuta para toda mi vida.

Después siguieron meses de ir poco a poco doblando la pierna. Era incómodo porque había lugares donde no podía estar sentada bien, lugares reducidos donde mi pierna no cabía. Duré mucho tiempo con muletas y después con bastón. Luego, siguió otra operación para retirar los clavos, más terapia, más dolor. Lo peor era que ya me habían ofrecido venirme a abrir un restaurante en la CDMX, que era lo que yo quería, pero ¿cómo iba a venir con bastón? Pues sí, así me vine, pero cuando venían los dueños, lo aventaba para que no vieran que lo usaba y caminaba despacito.

En México, seguí con terapias, apurándole al doctor que yo necesitaba estar bien ya. Y así, con esa determinación, les puedo decir que hasta la fecha batallo con la rodilla, pero es algo que nunca he dejado que me limite en nada. Bueno, ya no corro, no brinco, no hago muchas cosas, pero son cosas que no me hacen la diferencia.

Cuando estás en esas situaciones o te pasan cosas tan fuertes, sobre todo de salud, meditas acerca de tu vida, de tu actuar, de lo que has hecho y de lo que no. Sin duda, he tenido muchos desaciertos, muchísimos, y también aciertos, hay que reconocerlo. Pero analizando esa etapa por la que estaba pasando justo antes del accidente, sentía que me comía el mundo. Mi papá siempre decía, y tenía razón, que mis pensamientos no se aquietan casi nunca. Siempre estoy deseando hacer, crear, lograr, y estoy en un constante estrés por alcanzar todo lo que ya está formado en mi cabeza.

Analizando lo que me estaba sucediendo, para mí, ese momento era de clímax, una etapa increíble, con éxitos, libertad y actividades. ¡Lo tenía todo! Como me lo había ganado, me sentía la merecedora, la más chingona, la más querida. Nadie me iba a detener, pero ¡sorpresa!, resulta que la vida me quería mostrar otra cara. Así que me enseñó, por segunda ocasión, que nunca hay que dar por hecho las cosas ni dejar de agradecer, lastimándome la rodilla para calmar un poco el ego que se había elevado tanto que ya no era beneficioso para mí, sino todo lo contrario. Tal vez no iba a terminar en algo bueno al ritmo que llevaba, y podría haber terminado en algo que no tuviera solución… aunque un hueso siempre vuelve a soldar…

Les comento que lo que se me quebró fue la rótula. Leyendo sobre los conflictos de las cosas que nos duelen o nos enferman y qué emoción significan, resulta que la rótula se relaciona con un aspecto de futuro, con proyectos, con no poder o no tener derecho a organizar el futuro, es decir, que se «rompen» los proyectos del futuro. ¡Guau! No podía ser más exacto: yo siempre adelantándome al futuro.

Lo malo es que tendemos a quedarnos estancados en lo que hicimos mal, en cómo podríamos haberlo evitado. Lo revivimos en nuestras cabezas pensando qué podríamos haber hecho diferente. Muchas veces lo que pudimos haber aprendido de la lección y del error no lo captamos, y solo nos quedamos con la mala experiencia y el mal sabor de boca.

Las preguntas que debemos hacernos después de alguna experiencia que nos marca son: ¿qué aprendí con esta lección? ¿Qué me enseñó sobre mí misma? ¿Cómo puedo mejorar mi comportamiento? Al responder estas interrogantes, lo que se logra es integrar la experiencia al aprendizaje y ver con claridad el significado que tuvo esta lección.

Sé que voy a seguir cometiendo errores, ojalá y no, pero así somos los seres humanos y eso está bien. Es preferible tener consecuencias de cosas que no salieron tan bien, pero que decidimos vivirlas y tomar el riesgo, a tener una vida aburrida sin el sube y baja de la adrenalina.

XXVI

*Equivocarse es humano. Ocultar los
errores, una estupidez.
No aprender de ellos, imperdonable*

Bueno, no todas las enseñanzas vienen con dolor. La vida es buena y en el camino hay de todo, en especial para las personas que, como yo, no se quedan quietas. Tengo anécdotas y situaciones, algunas bastante incómodas, pero graciosas, al menos para mí. De seguro, para los involucrados en el momento no fueron tan divertidas.

Permítanme contar acerca de una ocasión en la que un amigo me invitó a acompañarlo a El Paso (Texas). Él iba a hacer unas gestiones y yo planeaba visitar a mi comadre que vive allí. Salimos en su camioneta, él manejando, su ayudante atrás y yo de copiloto. El viaje dura unas tres horas y media. La plática fue muy agradable, todo en orden hasta que, al llegar al puente fronterizo, donde tenemos que mostrar la visa para cruzar a Estados Unidos, al sacarla de mi cartera me percaté de que no era mi foto la que estaba en ella, sino la de uno de mis hijos. ¡...la madre! Con solo la expresión que hice, que en ese momento se me subieron todos los calores, colores y demás al cuerpo, mi amigo se frenó en seco y preocupado me preguntó qué pasaba. «Me equivoqué de visa y me traje la de mi hijo». La cara del pobre cambió. La verdad fue demasiado decente, porque de seguro le dio un coraje tremendo y en su interior pensó: «¿En qué momento se me ocurrió invitarla?».

Lo segundo que hice después de darme cuenta de mi error fue llamar a una amiga que vive en la frontera para ver si podía hospedarme en su casa mientras pensaba cómo resolver mi situación. Así que el pobre de mi amigo tuvo que desviarse a la ciudad, de un puente tuvo que ir al otro, en un trayecto como de hora y media, para llevarme con mi amiga.

Antes de dejarme en la casa, le pedí que hiciéramos otro intento por otro puente donde iba a intentar explicar que me había equivocado y que era la visa de mi hijo. Ingenua yo, como lo fue el consejo de mi comadre, en la cual confío ya que ella vive en los *Unites* y lo sabe todo. Allá fuimos. Obviamente, el guardia ni siquiera me dejó terminar mi explicación cuando nos puso un papel rojo en el parabrisas y nos señaló un retorno inmediato. Total, como teníamos mucha hambre y el plan era comer algo estadounidense, no quedó de otra que terminar en un restaurante muy famoso que se llama Shangri-la, un restaurante chino en la Ciudad Juárez (Chihuahua). Después me llevó a casa de mi amiga y empecé a hacer llamadas para ver de qué manera me podían mandar mi visa. Yo quería llegar a El Paso a toda costa.

Llamé a una amiga que vive cerca de mi casa, Mariane, que es como mi hermana, mi incondicional. La adoro. Le di instrucciones de cómo entrar a mi casa y sacar mi documento, y así lo hizo. Llevó a un cerrajero, quien le abrió la puerta principal sin siquiera pedirle una identificación o algo para verificar si era su casa. ¡Así de seguros estamos en la vida! Sacó mi pasaporte de mi cajón de los calzones —ahí lo guardo— y, una vez que lo tuvo, le dimos instrucciones y el contacto de un conocido del trabajador de mi amigo, que cruzaría la frontera al día siguiente.

Me comentó Mariane que tuvo que ir a un lugar muy lejano, a una casa medio rara, a llevarlo, todo por su amiga despistada que lo olvidó. El esposo de mi amiga con la que me quedé a dormir me llevó en la mañana al puente a esperar una camioneta con las descripciones que nos dieron, pues yo no tenía idea de quiénes eran. Finalmente llegaron. Era una familia que vivía en EE.UU., pero de origen mexicano, que habían venido a pasar las fiestas a su pueblo y se regresaban cargados de todos los antojitos que se puedan imaginar.

Así que, entre quesos, pollos y gallinas, me subí a la miniván y ya con mi pasaporte pude cruzar como otro miembro más de la familia de paisanos que, por cierto, eran superbuenas personas. Mi amigo me estaba esperando del otro lado del puente y cuando llegué con él me contó lo nervioso que se puso al intentar cruzar conmigo por segunda vez. Me explicó que en los calcetines traía veinte mil dólares, más dinero del permitido para cruzar sin declarar, porque parte de las diligencias que iba a realizar en El Paso implicaban ir al banco.

Siempre he dicho que la perdición de un hombre es una mujer. ¿Cómo se atrevió a jugársela sabiendo las consecuencias que podríamos tener si los guardias se percataban de eso? Creo que estaríamos en la cárcel los dos, o los tres, porque hasta al pobre del trabajador se lo hubieran llevado de corbata.

XXVII

Siempre que estoy en una mesa, o en algún lugar compartiendo con gente, y se desarrollan pláticas, algunas interesantes, otras no tanto, con diferentes puntos de vista, lo que siempre nos salva son las anécdotas y vivencias de cada quien. En definitiva, el pasado nos forma y también nos representa. Dependiendo de tus historias y la manera de enfrentarlas o llevarlas es como la gente se puede crear una imagen de ti. Hay comportamientos que describen de inmediato si una persona es inteligente, geniosa o explosiva. Lo descubrimos tan solo con escucharla contar sus anécdotas.

Se me hace muy interesante poder «leer» a la gente. Me gusta el análisis del ser humano. Es lo que me ha dado conocimiento para descifrar un poco sus comportamientos. Nunca estudié Psicología ni mucho menos, aunque recuerdo que en la prepa siempre que nos encargaban algún trabajo, yo elegía algo relacionado con esa rama. Se me hace tan complejas, pero a la vez tan predecibles nuestras conductas que me resulta un tema muy interesante.

XXVIII

*Nuestra actitud hacia la vida determina
la actitud de la vida hacia nosotros*

La vida nos coloca ante desafíos para que practiquemos la tolerancia, la gratitud, la humildad y la paciencia. Con la edad, podemos desarrollar e incrementar nuestras actitudes hacia las distintas situaciones que se nos presentan.

Me he sorprendido en varias ocasiones de mis propias reacciones, cosas que hace algunos años no hubiera hecho o dicho. Mis manifestaciones de enojo y reclamo por algún servicio que no se realizó como yo quería, hacer filas, entre otras tonterías simples del día a día, me sorprenden. Antes era muy paciente, amable y siempre sonriente, pero cuando uno es demasiado noble en la jungla, te llevan de calle. No es que ahora no lo sea —no me considero malhumorada ni mucho menos—, pero sí menos paciente y con muy poca tolerancia a los errores de los demás. Al percatarme de este cambio, siento que me desconozco.

En varias ocasiones, mi hija me lo ha hecho notar cuando anda conmigo y actúo de esa manera. Ella me dice: «Mamá, tú no eras así». La miro y me acuerdo de cómo era yo, toda *sweet*, calmada, más que respetuosa. Ella dice que cada día me parezco más a su abuela, es decir, a mi mamá. Yo recuerdo haber pasado dos o tres vergüenzas ajenas con ella, y ahora a mi hija le toca vivir eso conmigo.

Hay que tener cuidado cuando criticamos a nuestras mamás, porque en muchas ocasiones terminamos pareciéndonos y actuando de manera muy similar a ellas.

Cuando llegué a vivir a CDMX, tuve a mucha gente maravillosa a mi alrededor. La ciudad me recibió muy bien, me rodeé de gente que aportaba a mi vida y de otra mucha que solo me daba diversión. Caí en blandito, literalmente.

Poco antes de llegar aquí, había conocido a un judío simpatiquísimo. Según él, lo fleché desde el primer momento. Yo tenía novio, así que no pude seguirle mucho el tema, o la verdad sí le seguí. La pasamos increíble hasta las seis de la mañana, bailando en una esquina con un señor que cobraba por canción. Estaba con mi querida amiga Gloria —¡cuántas cosas no pasó ella conmigo!—.

Seguí viendo a este amigo. En una ocasión, fue a Chihuahua a verme. Yo estaba en muletas, recién operada de la rodilla por segunda ocasión. Él estaba enojado porque no le entregué el tesorito —¡sí!, así se dice—. Sin embargo, conservamos la amistad.

Al llegar aquí, me pusieron chofer a la puerta. Todos los días me iba a comer con ellos. Eran lo máximo en mi vida; me llevaron de viaje, comíamos en los mejores restaurantes casi a diario, agarrábamos las fiestas deliciosas, estaban superpendientes de mí, y yo decía: «Qué cosa más bella es CDMX, y mis amigos judíos, más».

Recuerdo con claridad las palabras de un amigo que me dijo que esa ciudad iba a cambiar mi esencia, que era una jungla, que la gente no era buena, que con lo que yo «traía encima» no iba a sobrevivir mucho tiempo. Aquí la lucha contra el prójimo es constante, es decir, se aplica la ley del «yo primero, y que se jodan los demás». Recuerdo que a eso le contesté de inmediato que si este lugar empezaba a cambiarme, me regresaría a mi ciudad de origen.

Tenemos una capacidad de adaptación increíble mientras tengamos la actitud y las ganas de hacerlo. Poco a poco vamos aprendiendo el comportamiento general del lugar. Recuerdo la primera vez que manejé en la ciudad y que me metí a una de las zonas con más tráfico. Era un nudo tremendo y se me hacía imposible salir viva de ahí. Pero entre pitos y sombrerazos salí ilesa, y ahí se me quitó por completo el miedo. Aprendí cómo sobrevivir en el tráfico. Después hasta lo disfrutaba. Más valía cambiar de actitud, respirar hondo y aceptar. Ponía mi música y cantaba y bailaba mientras los carros avanzaban. Ese estrés sí supe cómo apaciguarlo. Fue prueba superada.

Una cosa es la capacidad de adaptarnos a entornos, costumbres, comportamientos, y otra es aceptarlos si van en contra de nuestra esencia, de nuestros principios. Es muy fácil que gente con habilidad mental y que ejercen poder sobre los demás te convenza o quiera imponer sus creencias por sobre las tuyas.

XXIX

Pase lo que pase,
siempre sé tú mismo

Cuando me entró la inquietud de escribir un libro, pensé que debía documentarme en ciertos temas. Eran asuntos cotidianos, pero necesitaba tener conocimiento científico o psicológico, alguna referencia para poder profundizar en ellos. Comencé a leer libros de filosofía, de meditación, de cosas que quizás practico, pero no profundizo como para poder exponer, enseñar o escribir.

A pesar de ello, la verdad es que lo que quería escribir era un libro sobre mí, con mis vivencias, mi historia, algo para mis hijos, mi gente, como una plática de miles que he tenido con amigos, familia y hasta desconocidos. Soy bastante compartida y eso es lo que pretendí trasmitir con este libro: escribir esa conversación que nunca tendría en una sola sentada con alguien, pues serían días y días de monólogo. ¡Qué aburrido! ¡Pobre de quien me estuviera escuchando! así que mejor hacerlo como un escrito a lo largo de varios meses para que el día que alguien quiera hablar o que lo acompañe con anécdotas, lo abra y me lea. Si alguien saca de mis vivencias algo de provecho, se identifica o le deja algo, ¡qué padre! Pero no pretendo nada más, solo una charla entre amigos.

XXX

*Siéntate a hablar una tarde conmigo y
verás que no soy como todos dicen*

No sabía que la condición que tenía de no poder estar quieta por mucho rato, de siempre estar pensando qué hacer a continuación, es una forma de ansiedad. Mi cabeza siempre está planeando el cuadro que quiero pintar, y en mi imaginación queda perfecto. Visualizo a la perfección mis ideas, pero no tengo el talento para plasmarlas en un lienzo o en algún papel y eso, de alguna forma, me crea frustración. Mi mente ya escribió varios libros, y hasta los publicó y la gente los compró, pero en la realidad apenas y me siento de vez en cuando a escribir lo que sería mi primer libro, y el último. Tengo mucho tiempo escribiéndolo y me entra ansiedad por verlo terminado. Amo los resultados, pero no soporto los procesos.

Siguiendo varios *podcasts*, que ahora están muy de moda, deseo pasar todo el día escuchándolos. También he vuelto con el hábito de la lectura. Me ha sorprendido un poco escuchar casos similares a lo que yo siento o pienso, o por lo que he pasado, o estoy pasando, y muchas de las conclusiones de esos casos es que es un tipo de ansiedad. Hablan de crisis o ataques en donde no pueden respirar bien, sienten que se desmayan, otros que entran en depresiones fuertes o presentan muchas alteraciones físicas por un trastorno psicológico o de desajuste químico.

En mi caso no fue tan fácil de detectar porque no había padecido síntomas que tal vez me hubieran dado claridad absoluta de que algo no estaba bien conmigo y con lo que estaba viviendo. Ahora creo que un tipo de ansiedad también es el estarme tallando los dientes con la lengua todo el tiempo o ir caminando por la calle con una mano apretada y el dedo pulgar metido entre el dedo anular y el medio. Eso lo hago muy seguido, incluso ahora, y el otro día leí que era una manera de canalizar el estrés. Un amigo me comentó que su hija hace lo mismo.

XXXI

Cuando veo películas o escenas en la televisión, me sorprende la intensidad que se percibe en los actores. Por ejemplo, en una escena romántica, la pasión es tan fuerte que hasta les tiembla el cuerpo. En una escena de dolor, parece que se les desgarra el alma. En los sucesos o acontecimientos, la intensidad es tremenda. Siempre comparo eso con la manera en que yo siento, he vivido y he sentido, y resulta que es así. No sé si será que me tomo las cosas muy a la ligera, si se me pasan los días y no me percato de lo que en realidad está ocurriendo, si escondo mis verdaderas emociones para no sentirme vulnerable, o si es ese afán de no perder el control, de querer controlar hasta los sentimientos.

¿O será que los comportamientos habituales del ser humano son más parecidos a los míos que a los de las películas? Eso solo es actuado. Sin embargo, estando a solas, expreso más: canto de alegría, bailo frente a los espejos, hablo conmigo misma. Me gusta ver mi vulnerabilidad, pero solo conmigo.

Nos empeñamos en querer controlarlo todo, y cuando algo se sale de nuestro poder es cuando vienen las frustraciones.

Mientras todo está en orden, sí hay un movimiento, pero armónico, dentro de nuestra cotidianidad. Es un vaivén ligero, controlable, aceptable. Sin embargo, ¿qué hay de cuando la vida nos da esas sacudidas fuertes, esos golpes que nos obligan a tener que tomar decisiones inesperadas, en donde el camino que teníamos planeado seguir ya no está más para nosotros? Dice la frase trillada, pero cierta, de que «lo que no te mata, te fortalecerá». Es verdad, te hace fuerte porque o aguantas los golpes o te pones en acción. No debería ocurrir que alguien se tenga que paralizar tanto por el miedo hasta no saber qué hacer y, por ello, no haga nada .La vida sigue y hay que encontrarle la manera.

Hace poco vi por quinta vez la película *Comer, rezar y amar*, que me encanta y me ha dejado tantos mensajes. Debemos ser así, valientes, para seguir lo que nos pide el alma. Volvemos a lo de salir de la zona de confort, e ir a buscar nuestra plenitud. Pensamos que así seguirá siempre nuestra, en la comodidad de cierta situación, pero de repente todo cambia y damos ese giro inesperado que nos conduce a otro lugar. En el momento, no lo podemos saber, pero quizás ese cambio sea para bien y mejor que lo que teníamos antes. Arriesguémonos.

Mi vida es un ejemplo de lo que les comento, de eso que nos hace torcer el rumbo, adaptarnos a las modificaciones. Vivía en la ciudad que elegí, en soledad, como lo había planeado, con buen trabajo y buen sueldo, excelentes amigos, etc. Todo era perfecto, excepto por tener a mi familia lejos, pero insisto, así lo elegí. Vivía en el mundo de glamur con el que había soñado. La gente siempre me preguntaba si volvería a mi ciudad, pero yo, enamorada de mi contexto del momento, les contestaba que no estaba dentro de mis planes, a menos que la vida me lo exigiera.

Resulta que, en efecto, la vida tenía un plan distinto al mío. Poco a poco el entorno fue modificándose y quitándome cosas, para al final salirse con la suya. Primero vino una pandemia mundial, la cual nos estrujó de una manera tremenda. De todos modos, debo confesar que fui de las que la desafié. Nunca me paralicé y puedo decir que fue de mis épocas más padres en cuestión de actividades, convivencias e incluso el trabajo. Claro, sí estaba de la fregada pues nos obligaron a cerrar todos los negocios y el mío era estar a cargo de un restaurante.

Como cerramos la parte de atención al público, solo se podía vender lo poco que pedían para llevar. Esas entregas las hacía en mi camioneta. Se trataba de vender lo que fuera y con el menor gasto posible, por lo que me convertí en la encargada de la «entrega a domicilio». Recorría distancias enormes para llevar un pedido de trescientos pesos, pero como la ciudad estaba casi vacía, no tardaba casi nada en cruzar de una punta a la otra. Con tal de que sonara la caja registradora del lugar del cual yo era la responsable, lo hacía con mucho gusto y a mi riesgo. Lo disfruté, y aunque representaba un gasto, era la manera de poner mi grano de arena para que esa situación fuera lo menos dura posible para los dueños y para todos en general.

Suelo ponerme la camiseta siempre, pero en esto que he terminado de contar, ustedes juzgarán si está bien entregarse así.

En esta época que les comento y que me la pasé de poca madre, conocí a una persona. Yo tenía poco de haber terminado mi relación anterior, con el narcisista que les mencioné, y creí estar lista para empezar otra relación. Me había rehusado a aceptar varias ofertas pues estaba en mi proceso de sanación, pero cuando la vida te presenta a un nuevo maestro, el cual tiene que llegar para la lección que debes aprender a continuación, no hay manera de que no entre.

Algo paso ahí que de inmediato, o casi de inmediato, le di el «sí» a lo que ahorita lo cuestiono, pero que en su momento fue para mí un bálsamo de felicidad. Era simpático, guapo, siempre dispuesto para la fiesta y conectado en ese mundo artístico que me encantaba. Tenía todas las «agravantes» para que me enamorara de él y creo que la que más me enganchó fue que a diario me chuleaba. Me elogiaba ya fuera por mi ropa, mi peinado o mi trabajo. Siempre tenía palabras bonitas para mí. Ese era Toño.

Él alimentaba mi carencia de sentirme linda, querida, admirada, y alimentaba a mi fiera voraz, a mi tripulante más cabrón: mi ego.

Después de un año de todo esto, fui a una terapia con un psicólogo y dentro de las tantas cosas que me dijo y que adivinó de mi sentir y mi actuar —digo «adivinó» porque me sorprendió muchísimo que, sin yo platicarle mucho, él sacara las conclusiones de lo que me estaba sucediendo—, me explicó por qué me pasaba. Según él, soy una persona muy entregada cuando estoy en compañía, y no solo con respecto a la pareja sentimental, sino con los amigos y conocidos, la familia y en el trabajo.

Siempre doy, cedo, trato de agradar, pero sobre todo trato de no mortificar, de que nadie «sufra» por mi culpa. El psicólogo me lo dijo solo con verme. Planteó que mi estructura era la de una persona que cuando está en una relación de pareja se pone por debajo del otro. Significa que me dejo opacar, me anulo. Analizando mis últimas relaciones, todas marcaron ese mismo patrón de comportamiento, lo cual quiere decir que era yo la del «problemita».

Retomando mi historia de amor en la pandemia, el mundo entero estaba encerrado en sus casas, la ciudad convertida en un pueblo fantasma, pero yo iniciaba un romance. De inmediato, mi grupo de amigos lo aceptó, y no solo como mi pareja. Era tan simpático que se ganó a todos. Había mucha confianza y empatía, mucha atracción física y muy buen sexo, por qué no decirlo.

Como vivíamos a solo unas cuadras de distancia, siempre planeábamos si dormir en su departamento o en el mío. En un par de meses prácticamente estábamos viviendo juntos. Era mucha fiesta, pues no teníamos más que hacer. Yo sí trabajaba, pero todo estaba a medias. Su trabajo estaba detenido, pues es el mánager de su hermana, una cantante famosa, y como no había conciertos, a él le sobraba el tiempo y la libertad para convivir con mis amigos. Cabe mencionar que él tenía un restaurante y comíamos todos juntos. El que lo manejaba era un socio suyo, un francés a quien, por desgracia, mataron de un modo muy feo por robarle unas botellas de licor de alta gama.

A mí me tocó vivir todo el proceso. Desde la desaparición por varias horas, que a todo el mundo se le hacía muy raro, luego encontraron el celular tirado en un lago, y finalmente el cuerpo, tan golpeado que era irreconocible. Él tuvo que ir a dar fe de que sí era su socio y amigo. Fue una situación muy compleja y desgarradora.

Solía haber alcohol en nuestros encuentros, cosa que a él se le da muy bien. Para ponerme a la par, también intensifiqué la tomadita. Tan cierto como que «la ociosidad es la madre de todos los vicios», por primera vez, a mis casi cincuenta años, probé la marihuana. Nuestras reuniones transcurrían entre comidas, bebidas y el churro de mota o las gomitas con cánnabis que rolaban por la mesa. Eso sí, fueron unas divertidas tremendas.

Yo en el restaurante hacía reuniones clandestinas, pues el gobierno nos había prohibido que estuvieran en un mismo ambiente más de seis personas y no más allá de las seis de la tarde. Sin embargo, con tal de vender para que el negocio sobreviviera, organizaba grupos y fiestas, y como las personas no tenían muchas opciones adónde ir, nos convertimos en «el lugar». Eso me hizo tener varias amonestaciones de la delegación, incluso alguien tomó un video que le llegó a mi jefe, el dueño, pero como contaba con su aprobación, y el objetivo era vender y sobrevivir a esa pesadilla, no hubo consecuencias fuertes.

Así que yo estaba en el ojo del huracán: era protagonista del sector en el que me desenvolvía y junto a mi aliado me sentía plena. Pensaba que tenía un «respaldo» —lo escribo entre comillas porque la realidad era otra—, un compañero de fiesta, un cómplice de vida y que, además, era famoso. Me enamoré, hicimos viajes con amigos, la pasamos bien. Eso sí, él siempre me dejaba claro que no éramos novios. Yo me pregunto qué es ser novios si no es el verse a diario, el tener relaciones sexuales, planear el día a día, viajar... Una amiga dijo que cuando te presentan a su familia es porque ya te consideran su novia. Yo conocí y conviví con sus hijos, no con su mamá ni su hermana. Sin embargo, confieso que no las quería conocer. Creo no me hubieran agradado mucho. En fin, él decía que no éramos novios y, pues, a mí me quedaba claro que yo no tenía ese título, pero me sentía como tal.

Íbamos a pasar juntos el fin de año. En Navidad me fui a Chihuahua y él se quedó con su familia. Al regresar lo llamé. El sospechoso me dijo que se iba a Cuernavaca y luego a casa de un amigo a Cocoyoc, yo lo sentí como si me estuviera huyendo, escondiéndose de mí. Cuando le pedí fotos del lugar, de la casa de su amigo, de dónde estaba, para saber qué tan bien la estaba pasando, me mandó unas tomas de esas que subes a internet para ofrecer una propiedad en renta. Por supuesto, en ninguna salía él, así que era una mentira vil. Ya andaba con alguien y yo intuía algo muy raro.

El caso es que un día me manda una foto de un avión privado y me dice: «Mira adónde me lleva la peda: a la Riviera Maya». Ahí sí explote y le pedí que no me subestimara, por favor, que no quería volver a verlo. Él se fue a la playa a pasar el fin de año, yo la pasé en San Miguel con mi familia. Ya se imaginarán mi enojo y mi incertidumbre. No le creí ni una palabra de las que dijo sobre dónde andaba y con quién.

De este modo empezó el distanciamiento. Le dije que no me explicara nada y, aunque me pidió hablarlo después con calma, yo le aseguré que no estaba interesada. Se agarró de eso para hacer el famoso *ghosting*, término que se utiliza cuando una persona decide esfumarse de repente, sin dar explicaciones, de una relación amorosa.

Está comprobado que esa acción daña la salud mental de quien es la víctima. Ahorita puedo decirlo como es, pues ya lo asimilé y lo superé, luego de un año o más que me tomó hacerlo y de haber pasado por pruebas difíciles. El alma también se enferma, y cuando varios sucesos fuertes pasan por tu vida, sucesos de los que decíamos te mueven tu entorno, tanto el alma como el cuerpo físico lo manifiestan. Así me paso a mí. Es lo que les expliqué de la psico neuroinmunología.

Cuando estamos en un proceso de un duelo, siempre se atraviesa por las mismas fases o etapas: 1) negación y aislamiento; 2) ira; 3) negociación; 4) depresión, y 5) aceptación.

Al vivir esas etapas pasas por muchas emociones y aquí entra nuestro pasajero latoso, el que no nos deja ver las cosas por nosotros mismos. Sin él tendríamos un poco más de control; pero no, él siempre esta inmiscuido. Es el ego, ese maldito que nos hace atormentarnos más, ese que nos susurra al oído: «¿Por qué te dejó esa persona, a ti, que eres lo mejor de lo mejor? ¿Cómo se le ocurre?», y como estas, muchas otras frases sañosas.

Luego de unos meses, creía haber aceptado que él me hubiera dejado después de tener —creía yo también— una relación sólida. Sin embargo, él siempre dijo que no quería compromisos, sobre todo el compromiso de la lealtad, esa que yo antepongo a todo. Lamentablemente, no cualquiera sabe su verdadero significado.

Ese fue un fuerte dolor que traté de minimizar y desaparecer, fingiendo de alguna manera que la traición no me había afectado, aunque eso no era cierto. Por supuesto, en medio de todo esto, no me interesaba entablar ninguna relación íntima con nadie más; pero él sí lo hizo, y de inmediato. De seguro ya tenía a otra desde tiempo atrás. Mi martirio fue que cada vez que salía a la calle, a andar por aquella zona donde me había establecido y que tanto disfrutaba, me lo topaba con su nueva pareja. Cabe mencionar que es su exconcuña. Seguro tenían años haciéndose ojitos. Cada vez que iba a salir a la calle, mi estómago se hacía un nudo, entre no querer topármelo de nuevo, pero con la esperanza de que cuando me viera, rectificara, se dijera a sí mismo: «¿Cómo me estoy perdiendo de ese monumento?» y al final volviera.

Cuando uno no sana una herida del todo, o cuando no hemos inspeccionado en nuestro interior, en nuestro pasado, el porqué de nuestros repetidos comportamientos, o de los mismos tropiezos, nos convertimos en presas fáciles para los depredadores. Así se les llama. Eso me lo enseñó una terapeuta que meses atrás había consultado. Era en el tercer depredador con que caía. ¿Cómo era eso posible que me hubiera convertido en una presa fácil para ellos, si yo siempre tenía el control de mí? ¡Eso era lo que yo creía!

Antes de que él se fuera, yo había caído enferma con el chingado virus COVID-19. Hasta la fecha les puedo decir que fui una antes y otra después de esta maldita enfermedad. Mi sistema nervioso se alteró y en el aspecto físico me quedaron secuelas como mareos, áreas sin sensibilidad, pérdida de memoria, agotamiento y otras cosas raras que ha dejado el pinche virus en otras personas. Es probable que mi comportamiento también haya sufrido cambios que trajeron sus consecuencias. Mi vida no andaba bien.

A los pocos meses, un día me cita mi jefe inmediato. Ya me había cambiado de mi puesto de gerente al de gerente de relaciones públicas, el que he hecho siempre. Esto no me afectó hasta que me quiso bajar el sueldo. No me dejé. Le hablé al dueño y él mantuvo mi sueldo, cosa que no le agradó al pendejo del director. Se aguantó unos meses, pero un día exigió que me corrieran porque, si no, él no podía dar resultados. Me dijo entonces que iba a prescindir de mis servicios con la excusa de que les caía mal a varios del equipo de trabajo. Yo no venía a hacer amigos en la chamba, pero siempre había mantenido una buena relación con los gerentes.

Ya saben que en los trabajos todo es muy hipócrita y las amistades son falsas. La misión de este director, que entró después de mí, fue deshacerse de todos lo que colaborábamos con la administración pasada. Cabe mencionar que nos corrió a todos. Él quería hacer equipo con su gente de confianza, es decir, sus cómplices. Antes de irme de la empresa vi varias cosas que hacían a espaldas del dueño, y yo le resultaba una intrusa porque era sus ojos y oídos. Claro, por el tiempo que tenía trabajando, ya era cercana a él.

El dueño era el que me había buscado un par de años atrás para que me fuera con su equipo. En ese momento él fue un ángel que llegó justo cuando yo necesitaba alejarme de mi pareja-socio, con el que vivía y teníamos aquel restaurante juntos. Dios me lo mandó porque sabía que yo me estaba desgastando y degradando de manera tanto física como emocional. Mi cuerpo ya no tardaba en hacer crisis con tanto estrés que estaba experimentando.

Un día, me citó en un café para hacerme la oferta, con una buena paga. Lo vi como mi barco de salvación: ¿quién iba a imaginar que esa sería una de las etapas más padres de mi vida? Resulta que es muy cierto el tan trillado refrán de que «Dios aprieta, pero no ahorca». Sin embargo, también creo que la vida es de los valientes y de los que nos resistimos sin abdicar. Pude escoger no batallar más y regresarme a mi ciudad, con mi gente, y entrarle al negocio familiar aunque no me gustara. Muchos prefieren la comodidad a la felicidad. Ese no es mi caso.

Con ese sí que le di al dueño, cerré una etapa y abrí otra nueva. Le informé a mi socio-pareja que me iba como directora de nuestro restaurante y que había aceptado un trabajo. Su coraje fue tal que comenzó a hacerme la vida de cuadritos. Aun así, con miedo y todo, me fui.

En mi primer día de trabajo acá en el nuevo restaurante vi que al lado estaban rentando un departamento. El edificio se veía algo viejo, por lo que pensé que no sería muy alta la renta. La zona es de las más caras y padres de CDMX, pero el edificio no era de lujo. Hablé e hice cita para ir a verlo el viernes, el sábado firmé contrato —fue una cosa rara que no me pidieran ni aval, solo firmar unos pagarés— y el domingo ya dormí ahí con todas mis cosas, mis muebles y mi ropa. Así de consentida me tenía la vida.

Siguiendo con el tema de las lealtades, insisto que mucha gente no define bien ese término, pues es un don y una virtud que no cualquiera domina. Después de trabajarle con la camiseta bien puesta, como soy yo siempre —o al menos eso pretendo—, creía que teníamos una amistad el dueño de la empresa y yo, gente en común, que le participaba de mis eventos familiares importantes, que era alguien que pensé que no me iba a dejar desamparada, al que ya mis amigas también le decían «Boss», igual que yo, pues se había ganado el título de verdad y por quien siempre tuve un cariño y un respeto grande.

No sé qué percibía él cuando estábamos sentados con amigos en la misma mesa o nos emborracháramos en las mismas fiestas, creo eso sí no lo hice bien, tenía que haber guardado mi distancia y el respeto que se le da a un jefe. Lo que sí sé es que por irme con él, había adquirido compromisos fuertes de departamento y gastos que tuve que hacer para poder estar más cerca y más pendiente del negocio.

Contaba con el sueldo que me había ofrecido para seguir cumpliendo con mis gastos, pero cuál fue mi sorpresa cuando su director, el que me puso como jefe inmediato, le pidió que una de las condiciones para dar buenos resultados en la empresa era que yo ya no estuviera ahí y él lo aceptó. Está bien, es su negocio y su dinero, pero lo que más me sorprendió, y aún me sigue intrigando, fue que hasta el día de hoy nunca me dio a la cara ni tocó el tema. Fue como si se hubiera ido la persona que limpiaba los baños o cualquier otra que no fuera cercana a él.

Esas son las acciones y la falta de lealtad que mi alma no comprende. De algo de lo que puedo presumir es de entrega y de ponerme bien la camiseta, y la gente con la que he tenido algo que ver lo sabe, pero al final son los intereses propios los que valen para cada quien. No importa que tengas mucho dinero y que puedas contribuir a que la gente esté mejor. Cuando ya no les sirves, se van.

Me liquidaron bien monetariamente, pero ni nuestros conocidos podían creer que el dueño, mi *Boss*, como yo le decía, me hubiera dejado ir sin ni siquiera un abrazo de «gracias, lo intentamos, y no funcionó». Cabe mencionar que unos tres meses atrás la competencia me había ofrecido unirme a su equipo. Por lealtad, se lo mencioné y le dije que no me iría de su lado a menos que él me lo pidiera. Ni siquiera pregunté a esa competencia cuánto me ofrecían en dinero para irme con ellos, solo aclaré que mi lealtad hacia mi jefe era mucha y les di las gracias, pero ahí me quedaba.

Cuando el balón estuvo del otro lado, se demostró que esa lealtad no era recíproca.

XXXII

Ese suceso terminó de afectar las emociones, que ya no estaban en su órbita. Comencé a comportarme de manera extraña, fingiendo estar bien, pero la realidad era otra. Empecé a vibrar en el miedo. Me sentí presionada económicamente. Tenía muchas ofertas y proyectos, la gente me buscaba, pero me sentía perdida. No sabía qué camino elegir, no tenía ingresos y sí muchos egresos, pues vivía a un nivel que costaba mantener.

A todo lo que me sugerían como negocio le decía que sí, pero de seguro ellos mismos vieron que no estaba clara en lo que quería, por lo que nunca se concretó nada con nadie. Comencé a sentirme tonta, incapaz de reinventarme, así que solo estaba esperando que me ofrecieran algo ya armado. No entiendo por qué tenía esa mentalidad de Godín, si lo que más amo y deseo es mi libertad. Pero la seguridad que te da un sueldo fijo es muy atractiva, aunque en la parte emocional siempre te sientas «debiendo» a alguna persona o lugar.

Así que, mientras decidía qué hacer con la chamba, me propuse disfrutar la vida, como se dice. Aceptaba cualquier invitación que llegara para ir a restaurantes, fiestas, viajes, todo lo que no me costara. Y sí, me la pasé padrísimo, no lo niego. Esa ciudad es perfecta para eso, pero esa rutina me fue vaciando poco a poco. Me sentía mal en el fondo, aunque en mis redes sociales y en mi comportamiento parecía que estaba llevando una vida envidiable para cualquiera.

Creo con firmeza en que somos energía y que la frecuencia en la que vibramos atrae lo mismo. No tenía trabajo, no tenía pareja, sí muchos amigos y fiestas y todo eso que ofrece la capital y el medio en el que me muevo. La verdad es un mundo muy vacío, pero no era lo que mi cuerpo, mi alma y mi mente requerían del todo. Seguía en duelo por todos los rompimientos que tuve, pero, como les digo, siempre fingiendo estar bien. Y sí, quizás engañé a la gente, o quizás no, sobre todo a la gente más cercana, a la gente que me tiene cariño y estima desde hace años. Luego me enteré de que lo comentaban entre ellos: «Ella no anda bien».

Según yo, logré engañarlos, pero no a mí misma, a mi alma, a mi ser. Así que, como ignoraba las señales que me enviaba, o no quería verlas, entré en crisis. Y vaya a qué grado. Cuando no hacemos caso de las sutiles señales que nos mandan, las siguientes vienen con toda la fuerza necesaria para sacudirnos hasta las entrañas.

XXXIII

La vida siempre te va a proteger
de algo peor

Hace unos meses, como dije, me infecté del famoso COVID-19, en plena pandemia. Se siente un miedo terrible. Cada síntoma me asustaba porque no sabía si iba a morir, ya que ese virus se había llevado a mucha gente. Me sentí bastante mal durante algunos días. El virus me afectó el estómago. De todos los síntomas que se mencionaban, casi no tuve ninguno. Solo perdí el olfato y el gusto.

Estuve encerrada dieciséis días sin siquiera asomar la cara a la calle. La primera semana la sufrí por el malestar y el miedo. La segunda semana la disfruté cocinando, cantando y bailando.

Finalmente, superé la enfermedad, pero las sensaciones de mi cuerpo y las cosas que me pasaban eran extrañas. Me sentía diferente, como si en realidad hubiera cambiado desde entonces. Un día estuve más rara de lo normal, casi un año después de haberme contagiado. Estaba mareada, me dolían los ojos, andaba como un zombi. Tuve varias reuniones de trabajo a las que asistí, vestida con ropa deportiva porque no podía ni arreglarme. Pero la verdad es que no me daba cuenta con exactitud de lo que estaba pasando. Andaba como en un sueño. Así estuve dos días, sintiéndome rara, acostada en mi casa el mayor tiempo posible, viendo televisión, sin ganas de nada.

En mi departamento se estaba quedando una amiga que vivía en Miami. Ella es actriz, se llama Felicia, y cuando iba a CDMX se quedaba conmigo. Nos llevamos muy bien desde el primer día que la conocí. Tuvimos una conexión que diría yo que fue inusual, y la vida nos siguió dando maneras de hacernos cercanas. Cuando estaba de visita en mi departamento, ella hacía sus cosas de trabajo y compromisos y yo lo mío. Éramos compañeras de cuarto temporales, pero siempre pendientes una de la otra. Con ella me fui a recorridos por las televisoras, estuve en programas en donde la llamaban, hicimos muchas cosas divertidas juntas, con mucho cariño.

En esa ocasión en que yo no me sentía bien, llegaba y me preguntaba cómo me sentía y yo le comenté que estaba rara, mal. Como ella es actriz, andaba en programas de esos matutinos de revista, como les llaman. Ese día traía de acompañante a un amigo suyo, o no sé si solo era su conocido. Después me comentó que incluso era como su gurú. Yo le mencioné que debido a mi malestar no tenía ganas de que estuviera otra gente en el departamento. A pesar de eso, su acompañante subió y al escucharme decir que me sentía mareada, me dijo que lo que pasaba era que yo estaba muy cargada de energía negativa. Cabe mencionar que él se dedica a eso, es vidente, brujo, chamán y todas esas cosas, y como sale en la televisión, podríamos decir que es famoso.

Yo, obediente, le traje los elementos que me pidió para «ayudarme» con mi malestar: algodón, alcohol, sal y cinta adhesiva. Todo esto era para ponerme el remedio en el ombligo para quitarme el mareo. Además de eso, él tenía que hacer un ritual para sacarme las malas energías que, según él, traía. Comenzó con rezos, dialectos, escupitajos, jalones de brazos y manos, etc. Me mantuve flojita y cooperé. ¿Por qué? Por mi defectote de no saber decir que no. Estaba otra amiga mía ahí, Raquel, ayudándome con la comida y acompañándome. Ella vio eso y decidió alejarse. ¡Qué lista! Lo mismo debí haber hecho, pero, bueno, no lo hice...

Al día siguiente de este incidente, viajaba a la ciudad de Torreón para pasar unos días con mi hija que vivía allí. Ya llevaba días «buscando nido», quería familia, quería establecerme, encontrar mis raíces. Mi alma me lo estaba pidiendo. Así que, por la mañana, me desperté para prepararme e ir al aeropuerto. Cuando comencé mi rutina de bañarme y todo lo demás, sentí mi brazo izquierdo muy extraño. No sé si comprendan mi descripción de esta sensación: era como si el brazo no fuera mío. No tenía el control de él. Estaba separado de mí.

Lo primero que pensé fue en el pinche charlatán que me hizo la «limpia», porque debo agregar que me sacó dinero vendiéndome una pulsera de chakras a la que, por supuesto, le hizo su respectivo ritual para que me protegiera. Yo, obediente, me la puse en el brazo izquierdo. Seguí sin darle mucha importancia al brazo, pues deduje que él me lo había lastimado o dislocado con uno de los jalones. Pensé que se arreglaría por sí mismo.

Llegué con mi hija, no le comenté nada sobre el malestar y no le di mayor importancia. Al día siguiente ella se fue a trabajar y yo, que a eso iba, a ayudarla con su casa, pues se acababa de mudar a vivir sola, a hacerle comida, a hacerle hogar, me percaté de que mi brazo no servía, no me obedecía. Se me volteaba la mano. Tiré vasos, líquidos, todo lo que intentaba agarrar con la mano izquierda. Ahí sí me asusté y le hablé a un hijo putativo que tengo que es médico, Eduardo, nuestro doctor de cabecera. En ese entonces él estaba estudiando su especialidad en CDMX, así que cuando le hablé para decirle lo que sentía en mi brazo, y pidiéndole su opinión si debía ir con un ortopedista, de inmediato me dijo que me fuera al hospital, que esa no era una buena señal.

XXXIV

Cuidado con abrir las puertas,
pues no sabes qué puede entrar

Me sentía rara, no quería reconocerlo, pero con el tono de voz con que me dio la orden mi hijo-doctor, preferí escuchar también a mi intuición que me decía que algo no andaba bien en mí. Al regresar mi hija, notó algo raro y me preguntó por qué había agua tirada en el piso y por qué estaba embarrada de frijoles la estufa. Entonces le expliqué lo que me pasaba en el brazo y le informé de la orden médica. Corrimos a urgencias del Sanatorio Español.

Nos atendió el doctor que estaba de guardia, muy amable, ya con algunos años encima. Como dicen: «Más sabe el diablo por viejo que por diablo». Me revisó y de inmediato detectó algo neurológico. Llamó a un especialista, pero él, adelantándose y viendo mis síntomas, comenzó a hacerme estudios. Lo primero fue meterme en el tubo para una resonancia magnética, y ahí empezó mi tormento. De ahí ya no salí en veintidós días.

Ya les he hablado de la culpa como formación de vida, por religión, por cultura, por educación. Es algo que hasta la fecha sigo trayendo en la cabeza. Claro, lo he trabajado y más después de lo que he pasado. La verdad es que mi vida ha estado muy ligera en cuestiones de «tragedias», salvo por los asuntos de salud, que hasta ahora hemos superado bien, aun estando tan vulnerables y tan expuestos a cualquier eventualidad y entre más edad, mayor es el riesgo. Sin embargo, me persigue esa culpa por algo que hice en la vida. ¿Será por mis amantes, mis acciones con mis hijos, mis borracheras? No sé a qué se deba y creo que nunca lo voy a poder descifrar. Mientras tanto, seguiré viviendo con culpa por esta maldita educación.

Algo muy significativo en los acontecimientos que he pasado son las fechas. Yo cumplo años el primero de septiembre. Ahora tengo cincuenta cumplidos. Haciendo remembranza de los acontecimientos fuertes que les comento, tres de ellos, los más recientes, digamos, han sido apenas unos días antes de mi cumpleaños. No sé cuál sea la explicación, seguro que la hay. Tengo una amiga muy querida que es astróloga a la que quiero consultarle al respecto. Es probable que algo tenga que ver con las lunas, el cosmos y el universo. Me quebré la rodilla una semana antes de mi cumple. De hecho, me hicieron una fiesta ahí en mi casa mis amigos y mi galán, Luis. Luego, mi mamá se cayó aquí una semana antes de mi cumpleaños varios años después, y esto que me pasó, de durar veintidós días en el hospital, terminó justo una semana antes de mi cumpleaños. Raro, ¿no?

Ante los acontecimientos inesperados de la vida, lo importante es cómo los afrontamos, cómo los manejamos. Creo que yo he tenido una templanza bastante bien puesta para reaccionar y actuar. Claro, cuando no se trata de mí, porque ahí sí ya entra otro tipo de sentir. Aunque les voy a decir que soy de las que apechugan bien, pues con tanta cosa que me ha pasado, la verdad es que la he librado bien. No digo que lo de los demás nos importe menos, ni que no lo sintamos. Me parece que es lo contrario: prefiero sufrirlo yo a que le pase a alguno de los míos.

Hace veinte años le detectaron cáncer a mi papá, un cáncer de colon que estoy segura de que fue producto de una pena muy fuerte que sufrió, pues su único hijo varón se alejó de él, prácticamente le declaró la guerra, una guerra en la que, por supuesto, estaba de por medio el dinero. A veces los hijos son como unos buitres, queriéndose quedar con lo que sus padres lograron hacer en la vida, pero, bueno, ese es otro tema muy digno de analizar a fondo.

Cuando nos informaron el diagnóstico, todos rompimos en llanto, pero de inmediato actuamos con médicos, operaciones, quimioterapias. Yo me moví para conseguirle un medicamento que era la maravilla y que no cualquiera tenía acceso a él, tanto por el precio como porque era algo no muy comercial. De esto lo que me sorprende, y quiero recalcar, es que, aunque esa medicina le sirvió de mucho, tanto que libró el cáncer hace veinte años y aún sigue en perfectas condiciones, y con las quimios ni el pelo se le cayó ni nada, lo raro de todo esto fue que el seguro cubrió el gasto del medicamento hasta que se dieron cuenta de que eso no entraba, pero para entonces ya solo le quedaba un frasco por tomar, así que no fue pesado cargar con el gasto. Esa fue la situación que viví con mi padre, por quien doy gracias de que aún esté con nosotros, ya con sus ochenta años encima.

Este medicamento que les comento lo descubrieron los padres de una amiga mía, Alejandra, pues ellos eran químicos y doctores, una familia literal de genios, todos.

En una ocasión, cuando mi primer hijo, Javier, estaba chiquito, como de dos años, le dio herpes en toda la boca y en la garganta. Se imaginarán el dolor del pobre. Pues mi amiga me dijo que la acompañara al laboratorio de su mamá. Llegamos y era todo como en *Back to the future*. La mamá sacó un frasquito de un congelador que aventaba más humo que nada y se lo dio a mi hijo. Me dio otro para que se lo diera al día siguiente, y se le quitó el herpes por completo. Hasta el pediatra se sorprendió. Así que, ¿cómo no iba a confiar yo en ese medicamento si vi su milagro? Y es que ese lo hicieron para los enfermos de sida. Se llama factor de transferencia.

Con mi madre las cosas fueron más duras. La prueba que la vida nos hizo pasar fue mayor, y justo cerca de mi cumpleaños, como les comente. Lo que le pasó me hizo verla de una manera diferente. Ahora le tengo un poco más de empatía. Aunque la amo mucho, nuestra relación siempre fue un poco fría.

En el 2018, me fui feliz a vivir a CDMX, a trabajar, a vivir sola. Mi mamá quería ir a visitarme y yo moría por enseñarle la zona donde vivía. Sabía que le iba a encantar, pues ella es como yo, que disfruta de caminar por las calles y admira la vegetación. En el norte, en cambio, no hay mucha agua ni mucho verde a nuestro alrededor. Renté un departamento al que denominé «el búnker», literalmente, era en el sótano del edificio. Era superoscuro y frío, tenía un minipatio que proporcionaba la única luz y aire que entraban. Si abría las ventanas, veía las llantas de los coches del estacionamiento. En definitiva, un búnker.

Ahí, en esa zona privilegiada, «mi París», y mi madre, ya próximo mi cumpleaños decidió ir a pasarlo conmigo. Yo le insistí mucho que viniera. Mi hijo decía que ella no andaba bien, pues sufría de vértigo y se había caído varias veces, pero, aun así, en contra de la voluntad de mi papá y de mi hijo, decidió venir. Hablamos de finales de agosto de ese año.

Llegó una tarde acompañada de una prima mía que es muy amiga de ella y compañera. Mi mamá ya no quería viajar sola; no le gustaba. Llegaron ya en la tarde noche. Yo estaba casi recién llegada a esta ciudad y con mucho trabajo, pues el restaurante en el que fui a trabajar era lo máximo y la novedad de la zona. Estaba lleno todos los días. En la mañana siguiente les dije que fuéramos a caminar para que reconocieran el área, pues yo entraba a trabajar a las dos de la tarde. Les indiqué donde estaba el súper, fuimos a un restaurante a saludar a una tía que también andaba aquí de visita, les indiqué el camino de regreso al búnker y todo quedó en orden. Me fui a trabajar con la promesa de regresar en la tarde para ver cómo andaban o a ver a dónde íbamos.

Ellas se quedaron caminando por la zona de Polanquito, a unas cuantas cuadras del departamento y de mi trabajo. A las cuatro de la tarde, me llamó mi prima. Yo imaginé que me llamaba porque ya no sabían cómo regresar, pero resultó que mi mamá se había caído y no podía caminar. Literalmente, se encontraban a tres cuadras de mi trabajo. Llegué y la tenían sentada en una banca del parque por donde yo pasaba todas las mañanas, uno de mis lugares favoritos. Un chico la había levantado del suelo y puesto en la banca. Llegué y la pobre estaba en un solo dolor. Pedí un úber, pues yo aún no tenía mi camioneta. Al llegar el carro, intentamos levantarla y soltó un solo grito, seguido de una tembladera espantosa. Pobrecita, estaba entre nerviosa y con un dolor espantoso. Cancelé el carro, lo que requería era una ambulancia. *Oh, my God!*

Lo bueno de las relaciones que uno va teniendo en la vida, sin importar cuánto duren, si progresan o no, es que queda algo aprendido y queda cariño, aunque no siempre. En mi caso, sí pude mantener algunas buenas relaciones. Así que le hablé a la persona indicada, a Luis, mi exnovio. Y digo indicada porque él respondió de una manera que aún me quito el sombrero ante eso. De inmediato, me mandó una ambulancia. Él llegó al lugar antes, la subimos a la ambulancia y luego lo hicimos mi prima y yo. Mi primera vez en uno de esos vehículos, ¡qué fea experiencia! Él fue atrás en su carro, con su chofer.

Llegamos al Sanatorio Español. La examinó un doctor que estaba ahí de guardia. Nosotros pedíamos a otro que nos recomendaba un conocido, pero no nos pudo atender. Así que nos tocó este doctor estúpido. ¡Disculpen la expresión, pero se me hace poco para lo que se merece! Ya me dirán ustedes si no.

Resulta que meten a mi mamá por urgencias directo a sacarle radiografías para ver qué estaba pasando en sus piernas. El seudodoctor nos dice que necesita darnos el diagnóstico, que lo acompañáramos a una salita, un cuarto con una mesa redonda de madera con cinco sillas. Cerró la puerta y con una libreta en mano nos sentó a Luis y a mí y comenzó a hacer sus dibujos. Dibujó los huesos de la cadera, fémur y piernas, y haciendo una raya en el dibujo nos comunicó que mi mamá se había quebrado la cadera o el fémur y que se podía morir. «¿Cómo? ¿De qué me está hablando?». Mi mamá es una señora, sí, de setenta y pico de años, pero muy fuerte, con una salud excelente y un físico bastante cuidado. Pero el doctor insistía que se podía morir si no la operaba de emergencia. En su libreta escribía «mama=morir», y lo repetía de forma incesante.

Yo sentí que me desmayaba de la impresión. Con un mensaje por el celular le pedí a Luis, que estaba ahí conmigo escuchando las tonterías del doctor, que por favor me sacara de ahí. Él, con mucha decencia, le comunicó al doctor que como familia lo íbamos a platicar para tomar la decisión de si operarla con él o no. ¡Ah, porque además ordenó que le colocaran en el pie unas pesas de hierro, como esas ruedas que se utilizan para las básculas, para nivelar el peso! Se las quería colgar literalmente con un alambre colgando, de lo más rústico. Cuando las llevaron al cubículo en donde tenían a mi mamá, les ordené a las enfermeras que se las llevaran, que no le iban a poner nada hasta que decidiéramos qué hacer.

<h1 style="text-align:center">XXXV</h1>

Todo parecía una película. Yo era la que tenía que tomar las decisiones, una responsabilidad muy fuerte. El apoyo de él, que además sabía del tema pues estaba en el sector de la salud, fue clave para que todo saliera bien. Así que decidimos sacarla del Sanatorio Español, donde yo sentía que me asfixiaba. En la misma ambulancia en la que la habían trasladado, la subieron y nos fuimos a otro hospital que estaba en el sur de la ciudad, aproximadamente a cuarenta minutos de nosotros. Ahí, ya nos estaba esperando otro médico que nos había recomendado un buen amigo, también médico, de Chihuahua.

Aquí la película continuaba. Nos subimos a la ambulancia. Mi mamá, en la camilla, la pobre con un dolor que la hacía temblar. Mi prima y yo, sentadas en la banquita que tienen las ambulancias en un costado. El tráfico de la ciudad era tremendo. Yo estaba hablando a mi trabajo para decir lo que estaba pasando y que me iba a ausentar. Mi mente era un caos. Los que manejaban la ambulancia prendieron la sirena para poder pasar por el tráfico en el periférico, más por la urgencia de ellos por llegar que por nuestro caso. El chofer aprovechó para acelerar cuando nos dieron vía libre, pero se le atravesó un taxista. Dio un frenón que no estoy segura si chocó con él o logró evitarlo por muy poco.

El caso es que vi cómo mi mamá se resbaló de la camilla y su cabeza fue directo a topar con unos tanques de oxígeno. Los estúpidos no la habían asegurado a la camilla. Yo estaba hablando por teléfono con uno de mis hijos cuando di un grito tremendo, aventé el teléfono y quise proteger a mi mamá con mis manos para que no pegara con los tanques. Íbamos a mucha velocidad y el frenón fue tremendo. Como yo tampoco llevaba cinturón — desconozco si es necesario usarlo en las ambulancias, ya que no nos dieron ninguna indicación al subirnos—, me estrellé con la cabina. Me di tal golpe en el brazo que se me empezó a poner de todos los colores. Díganme si no parecía una película de terror. Al llegar, le conté a Luis, quien ya nos esperaba en el hospital, y se enojó tanto que de ahí siguió una demanda contra esas ambulancias, que eran de un particular. Todavía tiempo después me comentó que el pleito seguía.

Lo que siguió fue la operación, días en el hospital, yo dividida entre el trabajo y los cuidados, cruzando la ciudad en úber todos los días, viendo sufrir a mi mamá de esa manera, apenada por incomodar la vacación. Cuando por fin salió del hospital, yo no la podía llevar a mi búnker, pues solo tenía una recámara y había unos escaloncitos para llegar al baño. Así que Luis, que es un tipazo, nos ofreció su casa para la convalecencia, mientras ella era capaz de viajar a su ciudad. Le puso muchacha y todos los aditamentos que necesitaba como andador, el asiento del baño y todas esas cosas para que ella estuviera lo más cómoda posible.

Ahí pasé mi cumpleaños, con mi mamá en silla de ruedas. Invité a algunas amigas, mis primos y mi tía, muy amiga de mi mamá, la que les comento que también andaba acá de vacaciones. La idea era que pasearan ellas juntas, pero como dicen, si quieres hacer reír a Dios, cuéntale tus planes. Les preparé chiles en nogada y estuvimos muy a gusto. Luis decidió huir, se fue a su tierra natal con el pretexto de que tenía trabajo. Estoy segura de que lo hizo para dejarnos su casa y que estuviéramos más cómodas, le invadimos su espacio. Un cumpleaños diferente, pero agradecida de que las cosas iban mejorando. Por lo menos ese día se distrajo un poco de su pesar.

La otra parte triste fue por mi prima, que venía de vacaciones y se tuvo que estar dividiendo entre el hospital y mi departamento, sola, la pobre. Aquí de diversión y de vacaciones no tuvo nada.

Aquí viene lo que les comentaba de las fechas. Justo unos días antes de mi cumpleaños, un año después de mi accidente, que también ocurrió por esos días, fue mi madre la que me había tenido que cuidar. Estaban mis hijos, pero ustedes saben que no es lo mismo. Ellos aguantan unos días mientras les das lástima, pero después se hartan y continúan con su vida, a pesar de que no me podía levantar de la cama. Y la mamá es la mamá, tenga la edad que tenga. Siempre están al pendiente de sus hijos, sean de la edad que sean. Así estuvo ella.

Analizando las circunstancias por las que mi mamá tuvo que hacer ese viaje, incluso cuando no estaba muy bien de salud, me hace concluir que ya estaba destinado que esto le pasara en mis terrenos. Ella y yo solas, sin nadie más de la familia. ¿Será que eso tenía que pasar para que fuéramos más empáticas una con la otra? Primero el dolor estuvo de un lado y luego del otro. ¿Cuál era la enseñanza? Y siguiendo con la misma fecha, a mí me dio ese patatús tremendo también pocos días antes de mi cumpleaños. Demasiada casualidad, digo yo.

De todo esto he tenido mucho crecimiento. No lo sé describir, pero sí lo reconozco. Lo siento dentro de mí, me vibra sin ponerle palabras terrenales ni de diccionario. Es algo que está en mi alma.

De hecho, hasta la fecha, cuando paso por el lugar donde mi mamá se cayó, siento un escalofrío muy fuerte. No me gusta pasar por ahí. Invariablemente me lo recuerda, me recuerda ese dolor y esa impotencia que sentí ese día espantoso. Me agüita el día. Para colmo, queda a solo dos cuadras de mi casa actual, y es que ella había llegado a la ciudad con tanta ilusión de estar conmigo, de pasar unos días juntas, de pasear, de divertirnos, y pues nada de eso se pudo.

XXXVI

Volviendo al análisis de que el alma también se enferma, la mía ya estaba dando sus últimas bocanadas de aire porque se estaba asfixiando. Estaba clamando por paz, amor, comprensión, qué sé yo, algo me quería decir y yo no le entendía del todo. Cuando ya no me dejaron salir de ese hospital al que me llevó mi hija, en donde me hicieron pruebas de motricidad y mi mano izquierda no podía encontrar la punta de mi nariz, mi hija se volteaba porque no podía ver esa impotencia, que hasta parecía mentira, como si yo lo hiciera adrede, como si jugara a no encontrarme la nariz con mi mano izquierda. Pero no, era algo que no podía controlar ni manejar. Era desesperante que las cosas se estuvieran saliendo de control. Lo raro es que esa mano ¡sí era mía!

Si le tengo miedo a algo en la vida es a las agujas, a entrar a un hospital, a la maltratada que te dan para examinarte. Supongo que a nadie le gusta eso, pero de verdad que a mí me causa mucho conflicto pasar por cosas así. Aunque, ni modo, tuve que ponerme flojita y cooperar, como decimos mi madre y yo. Entras al hospital como las vacas en el matadero. Así me tenían a mí, toda llena de piquetes, extracciones de sangre, estudios, más estudios, medicamentos, suero, más piquetes y más estudios.

Por lo pronto, me aplicaron unos *shots* de cortisona para detener lo que estaba pasando. Ya no solo era mi mano, sino que tampoco podía caminar, pues una pierna se me iba para atrás. Mis hijos me decían «Buzz Lightyear», porque me quedaba como ese personaje cuando se da cuenta de que no puede volar, viendo al vacío. Lo digo de manera literal: estaba esperando la hora de mi muerte.

Me maltrataron como no se imaginan. Me ponchaban las venas cada rato, y peor porque ellas además ya no servían. Imagínense pasando tanto medicamento por ellas, y luego un piquete tras otro. Me hicieron una punción lumbar, ese procedimiento en el que te sacan líquido de la médula para analizarla. El tonto del doctor que me estaba atendiendo se envalentonó y dijo: «Yo se lo hago», aunque en verdad creo que no tenía ni idea. Me dio tres pinchazos en los cuales no atinó y no sacó nada, hasta que le grité que me dejara en paz. Entonces fue cuando se le ocurrió buscar al especialista que sí supo hacer el estudio al primer intento. ¡Estúpido! ¿Por qué no lo llamó desde el principio?

Luego vino uno de los procedimientos más fuertes que he sentido en mi ser. Durante el estudio de resonancia me pasaron el líquido de contraste, y resulta que mi vena estaba infiltrada. No se pueden imaginar el ardor que sentí. Fueron tales mis gritos que se escucharon en todo el hospital. Debieron cancelar el estudio. De ahí vino lo que les comento que se llama «pic», que consiste en meterte un catéter por el brazo hasta llegar a tu corazón y hacer la conexión directa, ya que mis venas, como dije, no servían. Después de eso les pedí que me dejaran morir. De verdad lo deseaba. Me lo dejaron dos días hasta que vieron que no estaba bien por el dolor y aceptaron quitármelo.

Luego me colocaron un catéter central, que te lo ponen en la yugular, también directo al corazón. ¡Qué cosas tan invasivas! ¡Qué horror! Pensé que iba a terminar desangrada. Bueno, basta de términos médicos. Lo importante es que ya tienen una idea de lo espantoso que fueron esos veintidós días en el maldito hospital. ¿Por qué a mí?... Aunque debo reconocer que la comida fue bastante buena. De eso no hay queja.

Se me ocurrió, en el día doce en el hospital, publicar en mis redes lo que me estaba pasando. No les puedo explicar la cantidad de mensajes y llamadas. Algunos de seguro preguntándose qué estaba pasando con la Mosu, que siempre veían perfecta en cada publicación, pero ahora estaba yonkeada en un hospital. Sin embargo, hubo gente hermosa con mil mensajes, oraciones, meditaciones y ánimos. De verdad que eso alimentaba mi alma cada vez que podía agarrar mi celular. Creo que sí soy una mujer, por lo menos, apreciada. Quiere decir que proyecto algo bueno, porque, incluso muchos que ni me conocían en persona, se tomaban el tiempo de ponerme algún mensajito. Me encantó sentir tanta atención. Incluso después de varios meses, casi el año, seguían preguntando por mi salud.

Dicen que las redes sociales son muy falsas, y sí, claro, no es la realidad, pero no creo que como tal sean del todo mentira. Claro, no vas a publicar tus momentos tristes ni tus desilusiones, aunque hay quien sí lo hace, y está bien. Pero lo que se trata es de compartir cosas bonitas. A mí me encantan y las uso mucho a mi favor.

Por otro lado, en otra parte del mundo, bueno no, en Chihuahua, mi ciudad natal, mis papás no estaban enterados de la gravedad por la que estaba pasando. Sí sospechaban, porque cuando marcaban por teléfono para hablar conmigo, yo no les hablaba. Siempre era mi hijo el que les respondía. También el habla se me fue, otra cosa rarísima. Mis hijos la pasaron mal. El más chico se vino de Monterrey para estar conmigo. Decía que no podía estar allá, que no dormía de estar esperando una llamada en donde le informaran de lo peor.

Estaba abocada a lo que está pasando, al solo por hoy, ver qué sigue y qué pasa ese día, a esperar resultados de los estudios realizados, y si no sale lo que buscaban en ellos, pues a hacer otros para buscar algo más. Y como los doctores no encontraban lo que sospechaban, se dirían: «Píquenla más, prendan todas las máquinas del hospital y pásenlas por ellas. Así transcurrían mis días. Mis hijos tomaron la batuta, es decir, las decisiones, de la mano del conocimiento del doctor líder en el asunto, esperando a que abriera la boca y explicara qué estaba pasando con su mamá. Lo peor y más desgastante de esto es que ni los cinco o más médicos que estaban viendo mi caso sabían qué tenía. Todo se limitaba a una prueba y error para ver la reacción de mi cuerpo y ver con qué otros estudios podían dar con el culpable que estaba paralizándome.

Cuando me fui a vivir fuera, varios años después de mi divorcio y cuando mis hijos tenían su vida resuelta sin mí, me sentí liberada. Por fin iba a vivir a mi entero placer, haciendo lo que me diera la gana, en el momento que me diera la gana. Fue algo de lo que me sentía orgullosa, de haber logrado en la realidad lo que estaba en mis fantasías.

Sin embargo, siempre las raíces son necesarias. En medio de la felicidad y la plenitud que vivía, de repente me llegaba la sensación de que me faltaba algo, de que necesitaba de ese personaje que eres cuando estás con los tuyos, con la gente que de verdad es «tu gente». Aun teniendo muy buenos amigos en CDMX, donde vivía, siempre faltaban las pláticas, las anécdotas, las complicidades que tenemos con aquellos con los que crecemos, que saben de nuestras raíces, esa gente que te juzga o no, pero si lo hace es con ciertas bases y conocimiento. En cambio, cuando eres nuevo en otro círculo de amistades, se crean la imagen de lo que proyectas en esos momentos. Por un lado, está padre porque nada influye en la relación, es lo que es en el aquí y el ahora. Aunque sí se presta también a falsas amistades, mucho.

En ese tiempo, sentí una necesidad imperiosa de estar con los míos. Habían ocurrido muchas cosas y necesitaba cariño, algo que necesitas de esas personas con las que no puedes fingir. Si estás mal, lo notan. Saben que algo pasa. Así que había planeado pasar un rato con mi hija y luego celebrar el cumpleaños de mi otro hijo. Pero, para mi sorpresa, al llegar a la ciudad donde estaba mi hija, me desmoroné. Ingresé al hospital y no salí en veintidós días. Creo que al llegar a ella me sentí en mi zona segura. Algo así tenía que pasar.

Pobre de mi hija, ahora estaba viviendo lo que yo viví con mi mamá. Lo bueno es que caí en un lugar que es casi mi ciudad, pues ahí está el padre de mis hijos y siempre me estuvo apoyando. Luego, los otros hermanos también se trasladaron, así que mi hija no tuvo que pasarlo sola.

No puedo sacarme de la cabeza la idea de que me hicieron un «trabajito». ¿Cómo no pensarlo si todo lo que buscaban en mi cuerpo salía negativo? Sé que la mayoría no cree en eso. Si me preguntas, te diría que tampoco, pues es mi educación, pero muy en el fondo siento que sí. Me han pasado cosas que me hacen llegar a esa conclusión.

En el medio en el que me desenvuelvo, la verdad es que hay muchos tipos de envidia, y más en aquella ciudad donde llegas partiendo plaza y eres una perfecta desconocida. Algo muy raro que me empezó a suceder era que no podía caminar. La gente solía decirme que tenía una manera de caminar con mucho porte, estilo, y la verdad es que sí, tal vez por tantos años de danza que tomé o por incursionar en el mundo del modelaje, no sé, pero sí era algo distintivo en mí. Me acuerdo de que Toño me decía que verme caminar por el pasillo del restaurante donde trabajaba era un espectáculo.

Ah, y ya que lo menciono, les voy a contar mi época de modelo en la ciudad de Monterrey. Fue una época padre, corta, pero padre. Resulta que había una diseñadora, ni famosa ni nada, de esas chicas que apenas empiezan con sus diseños, pero sí hacía sus desfiles de modas de vez en cuando. Por una amiga en común, le empecé a modelar sus creaciones. Me llamaban cada vez que ella tenía un evento, me maquillaban padrísimo y podía escoger vestuarios y todo. Así fue como anduve un rato en esos menesteres y puedo presumir que me ponían de ejemplo para la caminata. Es lo que les digo, siempre ha llamado la atención mi manera de caminar.

Justo cuando me iban a lanzar para llevarme a más lugares de la república donde ella llevaba su moda, resulta que fue cuando me embaracé de mi primer hijo. Así que hasta ahí llegó mi corta carrera de modelaje.

XXXVII

Como les decía, no se me quita la idea de que alguien fue el causante de mis males, pues desde entonces sigo navegando con mil asuntos de salud. Recién me acaban de diagnosticar con esclerosis múltiple.

¿Esclerosis, yo? ¿Pero en qué pinche momento, si mi vida era perfecta, sana, sin ningún problema? ¿Cómo me vienen a decir que tengo esa cosa a mis cincuenta años de vida? Esa es una enfermedad que les da a los más jóvenes. Ya a mi edad te dará cáncer, te darán otras cosas, pero no esclerosis múltiple.

Salí con ese diagnóstico del hospital aquella vez que duré más de veinte días, pero yo no lo acepté. Debo confesar que no me sentía nada bien, pero lloraba en silencio. Tenía unos calambres que no me dejaban en paz, me daban cada vez que me movía. Imagínense, cuando uno se mueve chorrocientas veces al día... Pues así vivía yo, paralizándome y haciendo pausa cada vez que ese mendigo calambre aparecía. Esto no era vida.

Era un calambre, pero no vayan a creer que era como esos que te dan cuando haces ejercicio o te falta potasio. No. Este era una cosa espantosa. Yo lo denominé así porque no le encuentro otra palabra, pero es como si tu pierna se te subiera a la cabeza. Iba en forma progresiva hasta que llegaba a un clímax y de ahí iba desvaneciéndose, pero entonces, en la otra pierna se sentía un ardor tan tremendo que me hacía gritar, como si me inyectaran chile habanero en la pompi y en toda la pierna. Eso duraba segundos, aunque para mí parecían horas. Imagínense eso cada cinco minutos o más. Insisto, esto no era vida.

Y así empezó mi navegar por doctores y doctores. Cuando no sentía una cosa, sentía otra. Me vine a vivir a casa de mi hijo en Chihuahua. Él vive solo, pero tiene una novia desde hace siete años, así que para él fui un estorbo. Al principio lloré mucho, me lamentaba por mi salud que se había ido y porque estaba en un lugar que no quería. Recuerdo ocasiones en que deseaba hacer las cosas de la casa a mi manera y a mis tiempos, y tuve enfrentamientos con mi hijo. Él tenía razón: llevaba viviendo cuatro años solo y así quería seguir, pero llegó la mamá de intrusa. A nadie le gusta eso. Sin embargo, ¿en qué pretendían que me entretuviera, cuando mi mente iba a mil? Mi hiperactividad la limitaba mi cuerpo y la impotencia de no estar en el lugar en donde eres más feliz.

Yo quería salir corriendo, aunque ¿adónde, si no tenía más nada? Cuando me divorcié, mi marido no me dejó nada, ni casa dónde vivir. Quité el departamento de CDMX que rentaba y me vine con todas mis cosas a Chihuahua. Mi independencia de repente desapareció. No tenía ni un cinco ni adónde ir, además de tener que aguantar el sentirme arrimada. ¡Qué cosa tan espantosa es ese sentimiento! Aparte, también tenía que comprar el súper con el dinero de mi hijo, cuando yo estaba acostumbrada a que los padres les diéramos a los hijos, no al revés.

En ese tiempo conocí a una persona que vino a entretenerme. Era un señor más grande que yo. Me llevaba quince años. No era feo. Pertenecía a las familias «bien» de Chihuahua. Él también estuvo fuera muchos años y venía regresando a la ciudad porque iba a trabajar en el nuevo gobierno. Insisto, un señor bien. Pensé que era una persona estable. Estuve contenta saliendo con él, pues me ayudaba a retomar mi vida, que era tan aburrida y absurda en ese momento (así la sentía yo). Por lo menos, tenía una razón para pasar el día a día. Nos veíamos a diario, íbamos a comer, utilizaba la alberca de su casa y así estuvimos dos meses. La verdad, pensé que le gustaba lo suficiente como para tener una buena relación, una duradera, pues la pasábamos bien juntos.

En una ocasión me vine con él a CDMX, pues quería conocer a mis amigos. Me sentía bien de salud, con mis sensaciones raras, como tener partes del cuerpo dormidas y eso, pero no les daba importancia. No las dejaba que fregaran mi vida. Él venía a un torneo de dominó, pues era de apuestas (¡otro más!). Llegamos un viernes y nos fuimos a comer antes que él se fuera a sus asuntos. Ahí en el restaurante me dio el calambre, luego de un par de días sin experimentarlo. Esperaba que hubiera desaparecido, pero no. Me dio fuertísimo, de lo más feo que he sentido. Me tuve que agarrar de él y pedirle que estuviera quieto por unos momentos. Cuando se me pasó me fui a reposar al hotel, pero ya no sentía bien mi pierna. Pensé: «¿Quién es el que no quiere que yo venga a CDMX?», porque aquí es donde me pasan las cosas. Estaba perfecta, ya no sentía nada raro, y de repente al llegar ocurría esto. ¿Quién me estaba haciendo brujería?

Como veníamos de vacaciones, yo fingí estar bien. Salía con mis amigos y me fueron a dar masaje al hotel. Él, muy lindo, me regaló dinero para gastar, pero a los días siguientes mi pierna no respondía. Yo caminaba arrastrándola. Katy, mi amiga, me tenía que agarrar para caminar. Estaba como si fuera una viejita. Me puse una inyección de cortisona que me indicó el doctor. Por cierto, me la puso Katy, ahí paradas en la farmacia. Sin embargo, no se me quitó, sino que siguieron los calambres uno tras otro. Yo que venía a divertirme, a pasarla bien, ¿por qué la vida no me lo permite? Yo quiero vivir, ¡y vivir bien!

Llegamos a Chihuahua y fui con mi neurólogo. Me dio una medicina y me mandó a mi casa así, arrastrando la pierna, pero a la mañana siguiente él me marcó para decirme que mejor me fuera al hospital. En una semana y media, yo pensaba irme de viaje con mi mamá y dos de mis hijos. Íbamos a Europa, a un crucero. Había saboreado la idea durante medio año y lo tenía que hacer. ¡Nada me iba a detener!

Así estuve una semana en el hospital, otra vez, conectada día y noche a la cortisona. Yo tenía mis planes, pero, como dice el refrán: «Uno propone, y Dios dispone». Mi amiga Katy iba a visitarme a Chihuahua y nos la íbamos a pasar padrísimo. Yo con galán nuevo, con una casa muy padre con alberca. Todo estaba perfecto y planeado, pero no contábamos con que el doctor no me dejó salir del hospital al llegar el fin de semana, así que mi Carlos (el galán) tuvo que atender a mi amiga, y, pues, la mayor parte del tiempo las reuniones eran en el hospital.

Como siempre, mantuve mi buena actitud, aunque sí me sentía un poco mortificada por la visita de mi amiga y no poder atenderla. La verdad es que todos se portaron muy bien y me ayudaron. Mis papas ahí se la pasaban conmigo y mis hijos también, pero para ellos era un alivio que Carlos estuviera. Me hacía muy buena compañía. Salía de trabajar y se iba ahí conmigo. Me llevaba dulces, fruta, galletas, todo lo que se le ocurría, y a mí me hizo el trago menos amargo.

Llegó el día del viaje, entre opiniones de que no fuera. Mi hijo mayor insistía que no fuera, pero yo aferrada a que sí, que ya estaba perfecta, pero la verdad es que todavía arrastraba mi patita. Mi exmarido me compró un megaseguro de viajero, que si me pasaba cualquier cosa, me cubría y me daban un dineral. Así me fui, todavía arrastrando el pie los primeros días. Para esto me habían puesto la medicina que tantas largas le había dado. ¡Yo no tenía esclerosis múltiple! No. Así que me la aplicaron tres días antes de irme al viaje. El doctor me alentó y me dijo que sí, que me fuera, que era un viaje que él ya había hecho y que era hermoso, que no me iba a pasar nada. Por eso, en contra de la voluntad de muchos y con el apoyo de otros, me fui.

Fue un viaje padrísimo en el que disfruté a mi gente. Mi perspectiva de la vida ya había cambiado un poco con tanto chingazo, y me dio más impulso para disfrutar de todo. No sé cómo va a seguir mi enfermedad y si me va a permitir hacer más viajes. Al final, no pasó nada; al contrario, traía más pilas que nunca. ¡Qué bueno que me hice caso a mí y no a los demás!

XXXVIII

Después de todo esto que me pasó, de verdad que ahora valoro muchas cosas. Cuido más de mi cuerpo, no tomo tanto alcohol —que valga decirlo, me gusta la fiesta—, me mantengo alimentándome con comida sana y no en tanta cantidad. Y sí, siempre estoy pensando en si me vuelve a pasar, poniéndole atención a las sensaciones de mi cuerpo, a las cosas raras. La verdad, ya no vivo tan tranquila.

Ahorita ya llevo justo un año del acontecimiento y todo está bien. Vivo sin problemas. Me siento como si nada hubiera pasado, aunque siempre lo tengo en la mente.

Puedo decir que disfrutamos mucho el viaje. Nos fuimos a Madrid, a Copenhague, a un crucero por el Báltico, Estocolmo fue divino y Brujas, ¡guau!, fue una experiencia muy linda. Convivir con mis hijos y mi mamá fue lo máximo. Me cayó muy bien ese medicamento al que tanto miedo le tenía, porque me decían que casi que iba a tener que vivir con el cubreboca, que me iban a dar todas las enfermedades del mundo, que mis defensas iban a bajar demasiado, etc. Todo lo contrario: yo siento que me dio vida. Me inyectaron vitaminas que mi cuerpo supo utilizar bien. Hasta mis hijos me decían que ya le bajara a mi hiperactividad. Yo andaba perfecta, dejé de arrastrar el pie y no me ha vuelto a dar un calambre. Nada en lo absoluto. ¡Estoy feliz!

Les sigo contando del wey con el que salí, Carlos. En esos meses, todo estaba muy bien. A diario me escribía o iba por mí para llevarme a su casa porque estaba convaleciente y tenía pocas cosas que hacer. Conoció a mis papas y a mis hijos en el hospital, pues era el punto de reunión de todos. Se la llevó bien con ellos, ¿y quién no, si son lo máximo? Cuando me fui de viaje, me llevó al aeropuerto y se mantuvo muy pendiente. Me regaló mil euros para gastar allá —¿quién hace eso?— y cuando regresé, fue a buscarme. Como venía cansada del viaje, no acepté ir de ahí a su casa, pero sí nos encontramos al día siguiente. Me consintió con carne asada, solo él y yo. Al otro día consiguió boletos y fuimos al palenque para ver a Carlos Rivera, evento que estuvo padrísimo. Así pasamos el fin de semana.

Estábamos felices, al menos eso parecía, o por lo menos yo sí lo estaba. Sin embargo, llegó el domingo y lo noté raro al despertar, se comportó cortante. De alguna manera siento que me corrió de su casa, pues fingió hablar con su hija y supuestamente le dijo que llegarían más temprano. Yo tenía ahí mi camioneta. Salió a despedirme, fingiendo que se quemaba los pies, ni un beso me dio y solo me dijo adiós con la mano. Desde ahí se me hizo bastante raro. Regresé a mi casa porque sus hijos iban a visitarlo cada domingo para aprovechar la alberca. Durante los dos días siguientes, estuvo ausente, pero a la vez presente, algo muy raro. Mi intuición nunca se equivoca. Me dije que tal vez había conocido a alguien durante mi viaje o algo le habrían hablado de mí. Imaginé eso porque me tienen por la «la eterna culpable» de la separación de José y su esposa…

En efecto, a los tres días, me dice que quiere hablar conmigo. Vamos a un restaurante y ahí, nervioso, me dice que él no está preparado para tener una relación, con la famosa frase de «no eres tú, soy yo», y que hasta ahí llegábamos. ¿A los 65 años no está seguro de lo que quiere? ¡Por favor! Nunca supe por qué llegó a esa decisión. Después me enteré de que pensaba que yo iba muy rápido. ¿Rápido de qué? Creo que fue porque conoció a mi familia y ya convivió con ellos como si tuviéramos una relación de años. Pero, ¿cómo no los iba a conocer si ellos eran los principales que tenían que estar conmigo en el hospital? Ahí, mejor él se hubiera abierto. En fin, las cosas suceden cuando suceden.

¡Qué pedo con los hombres! Cada vez los entiendo menos. La manera como me trataba, las cosas que me decía, la forma como se expresaba de mí con la gente, me hizo jurar que estaba contento con la relación, que aunque no fuera amor, por lo menos era empatía para luego convertirse en amor. ¿Les digo la verdad? Después de este episodio de mi vida, creo menos en el amor de los hombres hacia las mujeres. Por eso sigo soltera.

Podemos hablar de lo difíciles que son las relaciones, y más con la edad. Les cuento que me metí a una de esas aplicaciones de citas, según yo para obtener clientes para el restaurante en cual estoy, y sí es verdad, pero también, me dije: «Si encuentro a alguien, lo intentaré, pues hace dos años que no tengo pareja formal que digamos.

Hay de todo en esas aplicaciones. El otro día salí con uno que me invito a cenar. Era un hombre de casi sesenta años de lo más aburrido, ya que no toma, come sano y casi no hablaba ¡Ay, no! Debut y despedida. Otro me escribió y parecía muy simpático, pero, al hablar por teléfono, noté que su voz era rara, como que se pisara la lengua al hablar o algo así. Ya con eso no me gustó, y luego, indagando, vi que no teníamos amigos en común. Me dije: «¡Ha de ser un naco!» Ja, ja, ja. Muchos guapos solo me escribían, pero ninguno concluyó nada, como una invitación a salir o algo. En resumen, esas aplicaciones me dan flojera. No aguanté ni dos meses y me salí. En definitiva, no son lo mío.

¡Qué curioso que siempre estemos buscando estar en pareja! Yo estoy muy a gusto así, sola, la paso bien, salgo con mucha gente, tengo muchos amigos y algunos amigos con los que me puedo acostar, si de eso se trata, pero en el fondo creo que, si quiero a alguien de bien en mi vida, que la pase padre, que sea mi cómplice, aunque tenga cosas que no me gusten, pero que sean las menos, debo voltear a verlo y derretirme por él.

No sé si alguien así exista. Dicen que esperes y que ya te llegará. Veremos si es cierto.

Tengo muy claras mis expectativas sobre lo que quiero. Ya visualicé a ese hombre con el que perderé la libertad, pero por el que estoy dispuesta a pasar juntos el resto de mis años. Lo estoy esperando, y si no llega nunca, no importa, me quedaré sola, pero no voy a conformarme con menos.

Siguiendo con el tema de los hombres, cómo son las cosas, pues el que les platiqué que estuvimos juntos un tiempo, incluso antes de divorciarme, después de tantos años, unos siete, sigue en mi vida. Él se volvió a casar, por wey, para asegurar su vejez, como me lo dijo, para tener quien lo cuide. No está enamorado de ella, pero siempre fue muy analítico. De hecho, dice que yo le enseñé a quitarse un poco eso, porque yo soy todo lo contrario. Sé que sigue enamorado de mí, me lo ha dicho. Sin embargo, fue poco valiente para defender nuestro amor. Me pregunto cómo hubiera sido todo de seguir con él. Tal vez hubiera sido una relación bonita, tranquila, y no añoraría esto que tengo porque no lo hubiera conocido. Claro que me lo hubiera perdido, pero estaría bien con él. A lo mejor no me hubiera pasado lo de mi enfermedad. Quién sabe...

La verdad, no sufro por él desde hace mucho tiempo. Seguimos hablando porque me gusta que esté en mi vida y es un apoyo para mí, pero no siento ni la décima parte del amor que una vez tuve por él.

XXXIX

No sé si les pasa como a mí que ya no me ilusiono tan fácil. Nadie me llama la atención. Por más que me presentan, que conozco gente, nadie me gusta. O tengo a alguien, dejamos de hablar y si se vuelven a comunicar, bien, y si no, pasa el tiempo y termino por no saber de ellos. Eso es triste porque como comentaba es padre tener a alguien, tu cómplice, que te da lo que no te dan ni los hijos ni los amigos. Aparte, la presión social si está muy cañona, si no tienes pareja das lástima. Es lo primero que te preguntan es qué tal los galanes, como si eso te midiera. Dejan de invitarte a reuniones y te ven como si fueras de otro planeta.

Por más que dije que iba a abrir mi panorama, tratar de ser empática y hasta ver a los hombres con ternura, con ojos empáticos, pues todos estamos aquí existiendo con el aspecto que nos dio la vida, no lo he logrado. Nos sometemos al juicio humano, ese que es tan cruel y por el que no te aceptan si no eres agraciado no tienes dinero o un buen físico. Si va a llegar un compañero a mi vida, ¡al menos tiene que ser guapo para mí! (si se permitiera en la escritura formal, aquí pondría un emoticón).

Hoy, a casi un año de mi diagnóstico de esclerosis y analizando todo, no lo puedo definir de otra manera más que así, como una enseñanza de vida que me mandaron. No sé quién sea el encargado de mandarle a cada quien las cosas, pero esta que me tocó y que me cimbró tanto, le atinó. Sigo con cosas raras en mis piernas, siempre con el miedo de que vuelva ese calambre tan tremendo y las sensaciones raras, pero trato de no hacerles caso. A diario me subo a mi bici estacionaria y hago media hora de ejercicios, así me olvido un rato de lo feo que siento mis piernas. Las pongo en movimiento y me olvido por un rato de que estoy limitada.

Pensé que no lo iba a lograr nunca, pero eso de que el tiempo lo cura todo es verdad. Ahorita estoy feliz porque ya en unos días me devuelvo a vivir en CDMX, el lugar donde más deseo estar. Tengo buenos amigos allá, es una ciudad que me ofrece demasiado y quiero tomar todo lo que pueda, más después de saber que tengo una enfermedad que no sé cuándo me va a incapacitar para vivir mi vida normal.

Resulta que ya hasta trabajo tengo. Confío mucho en mí, en lo que proyecto, y como sé que hago las cosas bien, eso siempre me beneficia de alguna u otra forma. Lo digo porque me contrataron para hacer una inauguración de un restaurante aquí en Chihuahua. ¡Bendito!, fueron veinte mil a mi bolsa, con esta carencia tan espantosa, pero terminó resultando mejor que esos veinte.

Vinieron los dueños a la inauguración. La Poly, una chava linda que llegó antes a ver que todo estuviera bien en el restaurante, me vio en acción esos días previos, pues tuvimos varios *friends and family*, durante los que pienso que tuvimos buena conexión.

Ella les habló de mí a los dueños, de lo bien que trabajaba, así que para cuando llegaron, ya sabían de mi existencia y de mi trabajo. Les gusté tanto que me ofrecieron irme con ellos a CDMX, pues allá tienen otros dos restaurantes. ¡Dios mío, gracias!

Juro que voy a valorar y a cuidar mi trabajo, después de días de desesperación de no saber qué rumbo tomaría, me llega esta oportunidad, a mis cincuenta años, cuando ya no tan fácil que te contraten. De verdad que esta es una oportunidad para agradecer y cuidar. Gracias.

XL

*El éxito es donde la preparación y
la oportunidad se juntan*

Tuve mucho tiempo para pensar, para llorar, para desesperarme por querer una cosa y no poderla tener. Nunca he sido conformista, nunca me doy por rendida, siempre trato de salirme con la mía, de hacer lo que me gusta, pero mi cuerpo físico no me lo permitía. ¡Qué desesperación! Estar bien en la mente y que el cuerpo no te responda, genera una impotencia muy fuerte.

Cuando tuve que permanecer en Chihuahua por obligación y que, aparte, ya no era parte de los restaurantes de moda de Masaryk, perdí muchas amistades. Bueno, quiero decir que se alejó gente que estaba cerca, aunque no sé si se puedan llamar amistades. Como dicen en los trabajos, no eres tú, es el puesto. Lo viví en carne propia cuando vi a mucha gente alejarse.

En CDMX, me di cuenta de que muchas cosas fueron diferentes, será porque se olvidaron de mí en ese casi año en que estuve en Chihuahua, o será que, de verdad, ya no les serví para sus fines y por eso hasta ahí llegó todo.

"

Lo bueno es que no todo es para siempre. Como estamos en movimiento, podemos conocer gente, acercándonos a otras personas, alejándonos de varios, etc. Así es la vida y está padre.

Como casi no estoy tomando alcohol —que es una presión social muy fuerte—, eso es algo que aleja a la gente. Sin embargo, no me importa. Al principio se siente feo cuando veo que no me invitan a sus reuniones o a sus comidas, pero después lo agradezco. Sola no estoy y me sobra con quien salir y distraerme, nada más que ya no encajo con esas personas a las que les gusta que todos se pongan en su mismo nivel de alcohol o drogas. Eso quiere decir que voy evolucionando.

La verdad es que cuando empiezo a tomar siento que me hace un poco de daño, tal vez no físico, pero sí mental. Al día siguiente de beber me entra una depresión tremenda, porque considero que le hice daño a mi cuerpo, que me va a aumentar la enfermedad, que me voy a quedar paralítica, porque siento mis piernas muy extrañas. Lo hago por la necesidad de querer pertenecer —y, lo confieso, me gusta la sensación de andar medio peda—, pero, por otro, lado entiendo que eso ya no es para mí.

¿No les pasa que a veces se preguntan qué sentido tiene la vida? A diario te preguntas dónde comerás, con quién convivirás, a quién conocerás, y así se nos pasa el tiempo, sin un sentido claro. Últimamente me cuestiono mucho eso. De hecho, hay días en los que no me interesa ver gente, sobre todo de noche. Prefiero irme a mi casa a ver películas o estar con una amiga platicando con más intimidad. No sé, tal vez estoy madurando, ja, ja, ja.

Una nutrióloga que estoy frecuentando me comentó que tenemos cuatro pilares importantes: el ejercicio, la alimentación, el sueño y la espiritualidad. Estoy tratando de alimentar cada uno de ellos.

Hoy fui a un lugar de meditaciones. Una parte de mí quiere acercarme a la espiritualidad y ver si le encuentro otro sentido.

En ese lugar enseñan un método de siete pasos con los que limpias tu mente por completo. Nosotros somos parte de un todo, llamémoslo universo, pero a la vez nos sentimos solos porque estamos inmersos en los rollos que traemos en la cabeza, todo lo que a lo largo de los años hemos acumulado en nuestro ser. Con este método te ayudan a sacar todos esos conflictos que heredamos de nuestros antepasados para quedar en blanco y poder darte cuenta de que perteneces a un todo. El objetivo es sentir la paz y tranquilidad necesaria para estar feliz, sin necesitar de nadie ni de nada externo e ir llenando tu cabeza con cosas nuevas, buenas y sanas.

Cuando platico con mis amigas solteras, igual que yo, difiero mucho de su manera de pensar. No sé si es por rebeldía mía, por llevar la contra, por hacerme la chingona o qué, pero cuando ellas comentan que requieren de un hombre a su lado, que están desesperadas por conseguir galán, pienso en lo que yo siento y confirmo que me siento bien conmigo. Soy mi mejor compañía. Sí tengo momentos de soledad, pero son los menos. Me gusta estar siempre inventando algo nuevo.

Ellas quieren regalos caros, pues yo no. Me da lo mismo una bolsa de mil pesos que una de cincuenta mil; la intención es lo que cuenta. En mi mundo sí soy algo rara por eso, pero en general hay otra mucha gente que piensa igual, disfrutan de otros lados de la vida, no de las banalidades.

Cuando voy por la calle y veo parejas, sí me dan algo de envidia, en especial si él es guapo, pero esos pocos segundos no reflejan todo por lo que pasan, y de seguro no todo es agradable. Lo bonito es obvio que lo quiero. Igual cuando les veo bolsas caras y cosas de marca, me llaman la atención, me gustan, aunque no tengo para comprármelas, pero tampoco considero que no soy feliz por eso, a diferencia de algunas personas que conozco.

Puedo decir que en estos momentos de mi vida siento una tremenda paz, como hacía mucho que no la sentía. Duermo delicioso, me levanto a las nueve de la mañana, amo llegar a mi casa, ponerme pijamas, abrir mi refrigerador y ver películas, o leer, o escuchar un *podcast*. Muy pocas veces me inquieto o estoy muy pendiente de mi celular, esperando que un milagro suceda. Aunque debo confesar que aún pienso en mis ex, que tengo ganas de que me llamen y me digan que yo tenía la razón.

Tratar de encajar en lo cotidiano, en lo típico, en lo normal, no es lo mío. Vivo a mi manera, con mi intensidad, no entro en lo común, no me queda el vestido de la simplicidad. Soy diferente, soy rara. Mis aspiraciones son simples, no tengo los sueños comunes, y resulto extraña.

Lo mío es la paz, no luchar día a día por la felicidad. Prefiero la tranquilidad, sentirme segura. Tal vez caigo en una fragilidad, pero soy una mujer fuerte en los momentos difíciles. Odio que me intenten controlar, que me quieran quitar mi independencia. Me gusta luchar y ganarme lo mío. Mis anhelos y mis sueños no tienen precio; esos nadie los puede comprar.

XLI

*Lo que viene siempre es mejor que
lo que se fue*

Hace poco sentí un dolor fuerte, un dolor del alma. No he tenido grandes pérdidas en mi vida, a excepción de mis abuelos, a quienes amaba, pero entendí que la muerte era parte de su proceso.

Les quiero contar que mi abuelo murió a los cien años. Era un hombre al que de verdad se le podía llamar caballero, además de guapo, pues era bastante bien parecido. Era alto, de ojos azules, pelo oscuro, delgado y un gran ser humano. Además, era vaquero, de aquellos como los del mundo Marlboro. Era un muy buen tipo, lo digo yo que lo conocí y me lo sigue diciendo la gente que lo recuerda bien. Él era don Humberto, con todo el título, y se lo ganó bien.

Él tuvo una caída simple, bajándose de la camioneta en su casa, y se quebró la cadera. Aunque dicen que a esa edad se caen porque se les quiebra la cadera o se caen y se quiebran, quién sabe cuál haya sido la verdadera causa en este caso, ya que él tenía cien años. Eso lo dejó en cama por casi un año, llegando a los ciento uno, pero se fue poniendo mal. Se fue apagando como una velita, ya casi no hablaba, no quería comer, y lo alimentábamos con bebidas nutritivas.

Él vivía en Presidio (Texas), pues tenía la nacionalidad estadounidense, y ahí lo atendieron como a un rey. Ustedes saben que allá, en el primer mundo, protegen mucho a los adultos mayores, les dan alimento, cuidado y les proporcionan los aparatos y cosas que necesiten, como una cama de hospital en este caso. Se encargaron de todo. Sin embargo, cuando empeoró, el doctor les dijo a mi mamá y a sus hermanos que ya iba a morir, que se lo llevaran a donde estuviera mejor, ya solo para esperar su muerte, que podría ser en cualquier momento. Por eso, se lo trajeron a Chihuahua, a su casa.

Estábamos todos reunidos esperando a que dejara de respirar. Él estaba muy inquieto y cada vez que me le acercaba, trataba de gritarme algo. Solo le entendía que decía: «jala». Yo le jalaba los brazos, las piernas, lo sentaba, pero él seguía inquieto. Fui a comprarle Passiflorine, un medicamento para relajar, para ver si eso lo tranquilizaba, pero no funcionó. Le llamé a un amigo médico, pero me dijo que ya no había nada que hacer, que era un proceso. Yo no me quedaba tranquila, sentía que tenía que ayudarlo a morir en paz.

No sé qué o quién me iluminó, pero se me ocurrió que necesitaba oxígeno, algo en lo que nadie había pensado, pues yo lo veía como que batallaba para respirar, por eso su inquietud. Ya era de noche cuando llamé a un amigo que me dio un teléfono de unas ambulancias particulares. De inmediato, me trajeron el oxígeno, se lo pusimos y mi abuelo se quedó en paz. Nosotros descansamos de la desesperación de no entender qué pasaba. Se quedó tan a gusto que a las pocas horas murió.

Siempre que pienso en ese episodio, doy gracias de que yo fui la que lo ayudó a morir en paz. Es lo que les comentaba antes de las emergencias y los sucesos extremos, que reacciono bien en esas situaciones. Desde ese día creo que estoy más familiarizada con la muerte. Le perdí poquito el miedo, aunque no mucho.

XLII

El miedo no evita la muerte,
el miedo evita la vida

El dolor del alma del que hablaba fue cuando me comunicaron que un gran amigo, un gran amor, estaba desahuciado por cáncer. Mi querido Luis, con el que viví tantas cosas, cuando la fractura de la rodilla, el que apoyó a mi mamá cuando se quebró la cadera, ese que siempre estuvo a mi lado, unos ratos enojados, por celos de ambos, y otros muchos, cerca. Traté de ir a verlo, de llevarle regalos, de mandarle fotos de los dos y todo fue en vano. Él no quería saber nada de nadie. Él ya quería morir, o no, más bien creo yo que estaba enojado con la noticia del doctor de que tenía cáncer terminal, una noticia que nadie quiere escuchar.

Me puse a leer sus conversaciones de años atrás, vi sus fotos, le hice un pequeño homenaje en mis redes, pero él no vio nada de eso. Ya se había despedido de este mundo.

Qué raro es aceptar la muerte cuando es de alguien cercano. Es raro pensar que ya no lo verás nunca, él que tenía vida aún, ganas de vivir, porque era un vividor incansable.

Me parece que se hundió en su depresión y se dejó morir antes de que Dios lo mandara a llamar. Cuando me dieron la noticia de su muerte, yo ya lo había llorado mucho, pero ahí asimilé que ya nunca más lo vería. Fue un rato duro pasar por su casa, pero después lo recordaba y ya. En definitiva, la vida sigue para los demás y no te olvidan del todo, pero tampoco les mueves su mundo. Es raro y es duro.

Con él viví muchas cosas padres. Era una persona extraña, rara, diría yo. Nunca se casó ni tuvo hijos. Yo me enamoré de él, de seguro por su trato hacia mí, porque era todo un caballero para tratar mujeres. Como no era muy agraciado en la parte física, considero que desarrolló otras habilidades. Algunas de ellas fueron su carisma y su bondad, aunque en la intimidad, y con tanto alcohol que ingería, tenía sus temas de narcisismo y de querer minimizar a la gente. Le molestaba el brillo de los demás. Bueno, dicen que de los muertos ya no hay que hablar. La pasé muy bien con él, solo que opino que sí abusó un poco de mi enamoramiento o de mi vulnerabilidad en esa época. Que en paz descanse.

XLIII

Un tema que no he tocado mucho es el de los hijos y este libro es para ellos. Los amo sobremanera. Son tan buenos y están tan guapos. De verdad, son lo máximo. Tengo tres, como ya mencioné.

El mayor, Javier, es el más difícil de carácter. No sé a quién salió, o si tal vez fue por mí. Imagínate a mis veinte años ya con un bebé. No tenía ni puta idea de cómo tratarlo. Lo único que me inspiraba era el amor. Él ahorita tiene treinta años, se acaba de casar y es muy feliz. Es ganadero de profesión, por sucesión del abuelo. La tuvo fácil en la vida, pues heredó los ranchos en los que trabaja y lo hace bien. Con todo y ser de carácter difícil es el más noble. Es el más despegado de mí, pero cuando algo me pasa es el que más se preocupa y el que más me procura. Es tan maduro y tan ecuánime que ya a sus treinta años quiere encargarse de mí para que yo me dedique a hacer solo lo que me dé la gana. ¡Cómo lo amo! Sé que es mi apoyo incondicional y estará siempre viendo por nosotros, su familia, por sus abuelos, a los que adora, por mí y por sus hermanos.

Sigue Natalia, la princesa de la familia. Es una princesa en todos los sentidos. Ha cometido sus errores, los cuales ni su papá ni yo le reprochamos jamás. Tiene veintisiete años, ya se casó y se divorció. Creo que está en su mejor etapa de vida, justo así tenían que pasar las cosas para que viviera ahorita esto que le está ocurriendo. Como les he comentado, soy tan consentida del universo que este escuchó mis súplicas. Yo quería que ella tuviera lo que yo a mis cincuenta estaba viviendo, acá en esta ciudad que es lo máximo, rodeada de todo tipo de gente, que fuera así como yo que soy la más feliz del mundo.

Pues dicho y hecho: la vida le quitó lo que le tenía que quitar para que siguiera creciendo y aprendiendo, en lo personal y en su trabajo. Acá la tengo cerca y eso me hace muy feliz. Ella y yo dejamos de vivir juntas desde que tenía dieciséis años y se fue con su papá luego del divorcio. Ahora nos estamos disfrutando mucho. Nos cuidamos mutuamente, pues estamos solas aquí. Salimos juntas con frecuencia y valoramos esta oportunidad que nos dio la vida para estar unidas nuevamente con nuestra madurez.

El bebé de la familia, Sebastián, es un chavo muy guapo de físico, pero más bello por dentro. Creo que es el que más dinero va a hacer, pues le gusta vivir bien. Presiento que va a llegar lejos, le va bien en la escuela, es demasiado perfeccionista.

Uno siempre quiere eso para los hijos, por supuesto, pero siento que él sí lo va a lograr. Es el más parecido a mí en carácter y en sentimientos, es muy cariñoso, sabe cómo dar amor y eso me encanta. No le cuesta expresarlo y siempre lo hace con los que ama, lo dice y lo demuestra. Es un ser humano muy bello.

Esta es una pequeña reseña de mis hijos para que comprendan mi entera felicidad. Cuando me preguntan qué quiero en la vida, qué necesito, digo que ya estoy en paz, estoy conforme, pues ellos están muy bien y yo con eso me siento pagada por la vida. De verdad que podría morir en paz. Vida, no nos debemos nada tú y yo...

XLIV

*La mayor satisfacción en la vida es que
tus hijos lleguen más alto que tú*

Hoy la vida me vuelve a poner en pausa. Justo hoy, que tenía tantos planes de viajes, de eventos, de amigos, de gimnasio, de trabajo, de todo, pero como me dijo mi hija: «Ay, mamá, es que siempre vas a tener planes. Nunca va a ser el momento ideal para que te pasen cosas», y tiene razón. Siempre estoy en movimiento.

La esclerosis volvió a visitarme. Creo que cada vez van a ser mayores los efectos. Tengo más edad y la enfermedad avanza. No deseo acabar en silla de ruedas, no sabría cómo dirigirme en la vida. No lo quiero ni pensar.

Estoy en mi casa. Justo hoy pierdo un vuelo de placer a Guadalajara, pero se alteraron mis planes. Desde el primer evento que me dio, siempre le pregunto a Dios que por qué a mí, que soy tan positiva, que no me quejo ni nada, pero ¿por qué no?

Mi ánimo está bien. Estoy muy confiada de que de esta salgo otra vez. Lo que me da un susto espantoso son todos los piquetes y madres que te hacen, y luego que mis venas dejan de ayudar. Me tienen que poner un catéter de bebé y aun así me truenan. Se imaginarán el dolor.

Tengo encerrada en mi casa tres días. Nadie sabe de esto porque cuento mentiras piadosas. Digo que voy volando a Guadalajara y luego me voy a Chihuahua, aunque esto último sí es verdad. Mañana voy a internarme en el Hospital de Chihuahua cinco días o hasta que el doctor me dé de alta, imagínense mi pesar.

En definitiva, cada uno carga una cruz. Lo que sí me queda claro es que todo depende de la actitud con lo que lo tomemos. Me encanta que mis hijos me digan lo chingona y valiente que soy. Claro, no me queda de otra y la verdad es que se me olvida cada sufrimiento que tengo. Aunque para que no se me olvide por tanto tiempo, me mandan otro fregazo.

Desde el diagnóstico de la esclerosis mi vida ha cambiado. Ya no soy tan confiada. Cuando hacemos planes, siempre estoy pensando: «Uy, pues a ver si puedo, porque si me da otro evento...» y no quiero pensar así porque dicen que tus pensamientos atraen los hechos. En muchas otras cosas, he cambiado para bien. Cuido más de mí, de mi alimentación, de mis emociones y estoy más en paz. Eso es bueno.

El alcohol ya no está en mi vida, pues la nutrióloga me quitó varias cosas, cosas que inflaman, y como mi enfermedad provoca eso, inflamación de mi sistema nervioso central, pues todos esos alimentos ya están vetados: el gluten, los azúcares, los lácteos y el alcohol.

De cualquier manera me la paso padre. En las fiestas finjo tomar, poniéndole coca a mi agua mineral y es mi bacacho, que me encantaba, o pido una copa de vino y con esa me la paso toda la noche. Cuando me preguntan, les digo que ya es mi segunda copa y se quedan tranquilos. En las comidas o cenas a las que me invitan, trato de no decirle a la gente que no puedo comer eso. No es agradable. Pido lo que puedo comer o finjo no tener mucha hambre. Estoy muy orgullosa de mí y de mis cuidados.

XLV

Llegué a mi ciudad, a mi gente y me sentí mejor, después de sufrir tres días de inyecciones e infusiones, sola en mi depa, con las enfermeras. Tengo el cuerpo dormido del todo, pero es un bálsamo de paz y de alegría estar con los míos. Me siento segura y más con mi familia, que es tan bella y siempre está conmigo. Sé que lo hacen de corazón, si le pasa algo a alguno de nosotros, estamos todos, como si todos lo sintiéramos. Somos poquitos, pero muy unidos, y eso lo agradezco sobremanera.

Nadie que no sea mi familia sabe de mi hospitalización. Es más, ni mi hijo el menor, que anda por Europa estudiando. Solo se mortificaría de saberlo y desde allá no puede hacer nada. Les prohibí que le dijeran, pero pasó algo que demuestra que la sangre llama.

Resulta que tenemos un chat de familia: mis papás, el papá de mis hijos, mis tres hijos y yo. Todos los días nos damos los buenos días y platicamos y tonteamos por ahí, siempre pendientes de cada uno. Como mi hijo Sebastián tiene otro horario, cuando nosotros nos despertamos él ya nos escribió. Nos manda fotos o algo. El otro día nos dijo:

—Ay, no saben lo que soñé, ni les quiero platicar porque no me gustó…

—¿Qué soñaste, amor? Platícanos —respondió su papá.

—Ay, no, bien feo. Soñé que tú estabas enfermo y que no me decían la verdad, y que yo te veía, pero tú no podías hablar. Yo les decía: «Véanlo, no está bien». Después bajaba Natalia y les decía a ustedes llorando que por favor ya me dijeran la verdad.

¡Guau! Todos nos quedamos mudos. Por los chats personales comentamos lo impresionante que era lo que había soñado, pero aun así decidí no decirle todavía. Cuando salí del hospital y estuve mejor, le hablé para aclararle que en efecto su sueño había sido realidad, pero no por su papá, sino por mí. Él lloró, pobrecito, pero le demostré que yo estaba bien y se quedó tranquilo.

XLVI

Llevo varios días en el hospital. Estoy bien de mi ánimo, positiva, con ganas de que esto pase rápido. Mi cuerpo está totalmente dormido de las bubis para abajo, aunque ya empieza a ceder un poco. Ahora siento el tacto de los médicos cuando me revisan, pero lo siento como si trajera mil prendas de ropa encima. Pensé que el medicamento iba a ser mágico y me iba a quitar esto para volver a ser la de siempre, pero no. He tenido que aceptar la enfermedad. Bienvenida. Ni modo.

Lo que me sucedió esta vez fue que salió una nueva lesión en la médula. Lo raro es que es demasiado rápido y a pesar de que estoy con el tratamiento más fregón que existe en el mundo de la medicina —que cuesta un dineral—, parece que tengo otra cosa además de la esclerosis múltiple, pero según el doctor esto me lo debería frenar un poco.

Yo lo que trato de ver y entender el motivo de que esté padeciendo esto. Me dice mi mamá, que es muy religiosa, que le pregunte a Dios cuál es su propósito de mandarme esto. Y sí creo que algo más tengo que hacer. Hay días en los que no le encuentro mucho sentido a la vida, pero en otros siento que tengo algo más que hacer, a lo mejor labor social —que no hago—, ir a la iglesia —que no voy—, no sé, algo más. Estoy en mi zona de confort, pero también el cuerpo no me da mucho, así que no puedo hacer tanto.

Cuando me han pasado este tipo de eventos que se llaman recurrente-remitente, pues me da el evento o brote y luego se quita por completo, pero no sé cuándo pueda dar, cuando salga otra lesión o se activen las que ya tengo, cada uno me va mermando un poco mi cuerpo, dejando secuelas, incluso en mi mente. No tengo la misma confianza de antes, ya me dan miedo hasta los escalones. De todos modos, tengo que aprender a vivir con esto.

De las cosas que menos me gustan de estar enferma es que me tengan lástima. Por eso no quiero decir nunca nada. Ya no quiero anunciar que estoy en el hospital. A la gente, la cara bonita y punto. Mis amigas más allegadas me reclaman que por qué no les digo para acompañarme, pero siento que lo haré cuando esté por morirme para despedirme de ellas

.En esta última ocasión, no saben el horror que experimento. Ando como si estuviera caminando llena de bolas, y con dolor. Cuando me siento es como si me sentara arriba de una dona. En las pompis, o más bien en la cola, siento una bola espantosa, que hasta en ocasiones me toco para ver si la tengo. No hay nada, es solo la sensación, pero mi cabeza no puede pensar otra cosa.

El otro día me llamó el doctor para decir que salí positiva a otra enfermedad que se llama neuromielitis óptica. Es muy rara. Creo le da a uno de cada cien mil. Por eso el medicamento para la esclerosis no me sirvió. Me puse a googlear y hasta pensé que era mejor suicidarme si así iba a acabar mi vida: ciega, sin poder caminar, hasta teniendo dificultades para respirar. ¿Quién quiere vivir de esa manera?

El médico me dio esperanzas y dijo que no era tan grave. No sé si me lo diría porque me notó muy nerviosa, o en verdad no es tan malo. Lo que sí dijo es que solo tiene seis pacientes con esto. Él es un doctor muy reconocido, así que esto no pinta nada bien.

XLVII

—⁓—

*La enfermedad llega para decirte que la
forma de vida que llevas necesita
un cambio*

—⁓—

Ya pasó un mes desde que se me durmió el cuerpo, y es que todo empezó en un viaje a San miguel al que fui con una amiga a casa de mi primo Ricardo. Ahí empecé a sentir que se me dormía la mitad del cuerpo y juré que me había lastimado la espalda en el gimnasio. Mi primo me dio un masaje, pero esto iba en aumento. Lo bueno es que sí podía caminar, en una ciudad donde todo se hace a pie. Cuando regresé a CDMX le hablé al doctor y me dijo que fuera de inmediato a verlo. Ahí empezó este nuevo calvario. Es de las peores sensaciones que he tenido.

Sigo como dormida. La medicina aún no hace efecto, aunque me la siguen poniendo a ver si me ayuda. Me aplican unas jeringas en la panza en las que me están pasando de a poquito el medicamento, inmunoglobulina. Aunque mantengo mi actitud positiva, debo confesar que en varios ratos me quebré y lloré a gritos. Es más, aún tengo días en los que prefiero no levantarme para no sentir esto en mis pies. Bueno, como dicen, esta vida es la que me tocó y tengo que lidiar con ella.

También las cosas nos pasan porque tenemos que aprender.
He contado que con mi mamá siempre he llevado una relación
fría. Ella no es muy amorosa y yo me volví igual con ella. Lo que
recibes, das, pero tal vez me están poniendo estas pruebas para
que yo haga ese pacto y deje esos rencores de lado. Mis papás,
pero sobre todo mi mamá, están tan pendientes de mí, cuidán-
dome y de verdad afectados por lo que me pasa. Ahora no puedo
evitar sentir más que empatía con mi mamá. Creo que son oportunidades para alinearnos, o a lo mejor esto que me pasa a mí es
para que ella pueda darme lo que debería haberme dado desde
siempre: su amor.

XLVIII

Hablando de alineaciones, hace poco fui a un retiro a Tepoz, un lugar mágico que me queda cerca. Lo encontré en Instagram, hablé, pagué y al mes me lancé para allá. Iba sin expectativas, pero esperando, como si fuera un milagro, que alimentaran mi espiritualidad, que me conectaran con mi yo y poder elevarme. No tenía idea de qué se trataba, ni a qué gente me iba a encontrar. Fue una gran sorpresa.

Ese tipo de gente está muy conectada con su espíritu, con la naturaleza, con todo lo esotérico. Les confieso que de repente sí juzgo y digo: «No manchen, tampoco», pero la verdad es gente linda, aunque anda en otro rollo distinto al mío. Hablan como si nada de la ayahuasca, una planta que se utiliza en la medicina ancestral y tiene efectos alucinógenos, sirve para tratar trastornos, adicciones, problemas de estrés o depresión. Está muy de moda, pero es algo que yo no haría jamás, me da terror.

Todos ellos la han usado varias veces, cosa que a mí me da pavor. Es una sustancia de hierbas que te dan, bajo la supervisión de un chamán, y que te lleva al centro del universo. Alucinas horrible, te lleva al centro de ti mismo, dizque para sanar. No me atrevo a eso. Estas personas se drogan a cada rato para, en teoría, conectar consigo mismos. ¿Acaso tienes que consumir esas cosas para estar más en ti, más en paz?

No concuerdo mucho con eso, aunque debo de confesarles que sí se me antoja consumir marihuana, y más desde que vi a la chava de ahí de la casa donde fue el retiro, todo el día drogada, pero como muy en paz, como muy tranquila, muy femenina, muy guapa. Se me antoja nomás por tener un vicio.

Una de las anécdotas que me llamó la atención al día siguiente de mi llegada fue que la chica con la que compartí cama —eran unas literas y ella durmió arriba y yo abajo— me comentó que ella tenía el don de mimetizarse con la gente y que la noche anterior no había dormido bien porque se le durmieron las piernas y una mano —recuerden que yo traigo dormido casi todo el cuerpo— y que había sentido como un balazo que la asustó mucho. Me preguntó si era cierto que yo había vivido algo así como un balazo, alguna muerte o algo parecido, y le comenté que sí. Hacía poco menos de un año, habíamos ido al rancho de Rocío, mi amiga, y ahí nos habían puesto a tirar con escopeta, experiencia bastante desagradable para mí, pues sí fue un susto y un movimiento fuerte, pero no hubo muertos ni heridos. De lo del cuerpo dormido tal vez había hecho algún comentario antes, pero lo del balazo nadie lo podía saber.

Fue una bonita experiencia. Conocí gente nueva y la pasé bien, que era la idea, y también buscar un poco más sobre mi espiritualidad. Con esto que me está pasando estoy volteando a ver los aspectos más importantes de mí, aunque la espiritualidad me está costando. Sin embargo, me siento orgullosa de cuidar de mí, de cuidar este cuerpo que es un templo de Dios.

XLIX

Inhala amor, exhala gratitud

Siempre que pienso en terminar de escribir, me pasan cosas de las que quiero seguir platicando. Mientras siga viva, seguirán ocurriendo cosas, pero si me muero el libro se quedará en mi computadora y nunca lo podrán tener mis hijos, así que creo que va a ser momento de empezar a terminar.

Estas han sido parte de mis vivencias que quise dejar por escrito para compartírselas a mi gente. De ahí que si alguien más las lee, bienvenidos a mi mundo, un mundo bonito, disfrutado, con tropiezos y aciertos, pero un mundo que estuvo hecho para mí.

Me comentaba un amigo que si yo había escrito este libro desde mi ego. Lo analicé bastante, traté de verlo con otros ojos, o de leerlo, más bien, y llegué a la conclusión de que no, no es desde mi ego. De verdad quiero platicar mis cosas, mis anécdotas, simples, tontas o como quieran, pero son mías, y cincuenta años vividos merecen ser platicados.

Si escribiera desde mi ego, no diría muchas verdades, sino que me ensalzaría, me pondría en una posición privilegiada en donde les causara envidia de la vida tan perfecta que llevé. Por lo tanto, no lo escribió mi ego, lo escribí yo, así, con mis palabras, con mis recuerdos y con mi personalidad. Tan solo lo disfruté y sentí gozo al contar, al escribir y al compartir.

L

El ego es nuestra falsa identidad:
el ego piensa, el ser siente

Quiero terminar con este escrito que me topé y me encanta:

No reniego de mi naturaleza ni de mis elecciones. De todos modos he sido una afortunada.

Muchas veces en el dolor se encuentran los placeres más profundos, las verdades más complejas y la felicidad más certera.

Tan absurdo y fugaz es nuestro paso por el mundo, que solo me deja tranquila el saber que he sido auténtica, que he logrado ser lo más parecido a mí misma que he podido...

Frida Kahlo

Epílogo N.º1

Quise plasmar la historia de mi vida para que mis hijos la supieran, para platicarles lo feliz que fui y las cosas duras por las que pasé, las cosas que superé y el ánimo que le puse a la vida siempre, y cómo no si los tuve a ellos. Por ellos tenía que vivir, y quiero seguir aquí en el mundo para poder ver a mi descendencia, y porque no, que ellos también lean qué hizo y quién fue su abuela, bisabuela y demás generaciones.

Quiero que mis amigos y conocidos vean y lean simplemente mi historia, dejar una huella, que sepan de dónde vengo, qué hice bien y qué hice mal. Que juzguen, no importa, es normal, pero me encanta la idea de tener esta charla con ustedes.

Quiero que mis papás, que aún viven, bendito Dios, sepan mis sentimientos, esos que nunca les expresé. Esos que me guardé siempre por mis temores, por la falta de comunicación entre nosotros. Lo digo de corazón, no importa, los amo con un amor inmenso y sin juicios, y les agradezco lo que formaron de mí. Me gusta quién soy, aun con mis fantasmas. Gracias.

Quiero que la gente que algún día escuchó de mí, o me conoció, digan: «Ah, mira a esta chava (o señora) de Chihuahua. Yo la conocí. No sabía que estaba pasando por eso cuando me la presentaron. Se veía perfecta…». Eso me va a dar una satisfacción enorme porque quiere decir que fingí bien el estar bien.

Quiero que la gente que ni tiene idea quien soy, vea mi libro y diga: «Quién sabe quién será esa. Qué flojera leer su vida, ni que me interesara…».

La idea de estar así, por lo menos unos días, en la boca de varios, confieso me encanta. Me encanta publicar algo y que me comenten, que le den *like*. Sé que es una satisfacción momentánea y a lo mejor mal encaminada, porque dicen que no es la realidad, pero para mí sí lo es. Es la manera de estar presente en la gente, y de que ellos estén presentes en mi vida. Eso me gusta.

Me hubiera encantado también ser famosa, se los confieso, pero la vida me llevó por otro lado y está bien. Confieso que ahorita, aun a mis cincuenta y tantos, pienso en tantas cosas que debí haber experimentado. Hubiera querido ser cantante, actriz, *socialité*, bailarina, creo que hasta bombera —ja, ja, ¡no es cierto!—. Ojalá existiera la reencarnación para poder ser lo que no fui. No fui muchas cosas, pero sí fui otras y fui importante para algunos. Con eso me quedo.

Epílogo N.°2

Sí. Besé muchas bocas, algunas me gustaron. Otras no tanto. Sin embargo, quise probarlas.

Sí. Tuve amantes. Era muy excitante vernos a escondidas, viajar juntos, amarnos a las espaldas de los demás.

Sí. Me metí en las camas equivocadas, muchas veces me arrepentí al terminar y juré no volver a hacerlo.

Sí. Me enamoré varias veces, unas me destrozaron el corazón, y otras muchas lo destrocé yo.

Sí. Tomé alcohol hasta obtener otra realidad, esa en donde todo es fácil. Hice tonterías con sus efectos, pero lo disfruté mucho. De hecho, extraño esa sensación.

Sí. Lloré mil veces en mi soledad de desesperanza, pero también reí millones, rodeada de la gente justa.

Todo eso me ha servido de crecimiento, de saber qué me gusta y qué no, de saber qué quiero y qué no para mi vida, qué me hace sentir bien y qué no.

Ahora me extrañan esos comportamientos. Pienso que me llegó una madurez inexplicable, en donde eso ya no encaja, relacionarme, emborracharme, esconderme, perder mi paz…

Prefiero la tranquilidad de mi casa, una buena película, un buen libro, una cena con amigos, un *date* sin expectativas o caminar en mi soledad. Amo ser yo y amo como vivo hoy por hoy. Sí estoy esperando un compañero de vida, pero si no llega, estoy bien conmigo.

Epílogo N.°3

Para llegar a donde estoy, tuve que soltar muchas cosas, soltar manos que prometieron cuidarme en mi caminar. Tuve que ganarle a mis pensamientos que me querían traicionar. Tuve que cruzar terrenos rocosos.

Para llegar a donde estoy, tuve que ser egoísta una, dos o mil veces en mi vida. Tuve que cruzar mares de poco amor propio y de inseguridades.

Para llegar a donde estoy, tuve que subir montañas de depresiones, ansiedades y llantos de soledad.

Para llegar a donde estoy, tuve que alimentarme de lo mejor y soltar las migajas que me ofrecían los demás. Tuve que tomar distancia de lo que no me hacía bien, de lo que me hacía caer.

Para llegar a donde estoy, tuve que subirme yo al pedestal, ese en donde tenía a muchos, que los tuve que bajar y opté por tomarlo yo.

Para llegar a donde estoy, tuve que dejar mis expectativas, esas que no hay que dárselas absolutamente a nadie.

Si no lo hubiera hecho, no estaría donde estoy. No digo que llegué a la cima, pero todo lo que he logrado, puedo decir que lo logré gracias a mí.